d

Otto Jägersberg

Abendblätter

PROSA

Diogenes

Zitatnachweis am Ende des Bandes
Covermotiv: Zeichnung von Philipp Keel,
›Three Flowers in a Vase, 2023‹

Der Diogenes Verlag wird vom Bundesamt für Kultur
für die Jahre 2021–2024 unterstützt

www.diogenes.ch
20/24/852/1
ISBN 978 3 257 07275 4

1

Amerikaner applaudieren, wenn die Sonne untergeht. Das macht sie sympathisch gegenüber denjenigen, die einen Sonnenuntergang hinnehmen wie ein Spiegelei.

2

Herweghs Ansehen. Eine verwickelte Geschichte. Er war ja mal der größte Dichter aller Zeiten. Goethe war nix dagegen. Als die Gedichte eines Lebendigen erschienen waren, 1841, machte Herwegh eine Deutschlandtour. Heute würde man Lesereise sagen. Da war aber was los. Empfangskomitee an jedem Bahnhof, Kutschfahrt zum Versammlungshaus durch jubelnde Volksmassen und so weiter. Die Damen flochten ihm mehr als Kränze, damals kreischten sie noch nicht, stickten dafür Herzen und Zeilen seiner Gedichte in Taschentücher. Herwegh war die Hoffnung für die Empfindsamen und die Patrioten, für die Anhänger einer freien Republik und die Abschaffung der Monarchie.

Kleiner Katalog der Gründe, die Georg Herweghs Ansehen schädigten:

Begabtes Kind, aber auffällig, unberechenbar. Bewegungsstörungen, der ihn behandelnde Arzt erkennt Veitstanz und schreibt über die Krankheitsgeschichte Herweghs eine Broschüre.

Heiratet reiche Frau, dass sie jüdisch ist, spielt auch eine Rolle. Man nennt es nicht so beim Namen, man sagt orientalisch, er hat eine Orientalin geheiratet. Der Antisemitismus der damaligen Zeit ermöglicht es, dass einer deutschen Ehe eine Orientalin entstammt. Herwegh hat dazu das passende gesagt: Rassenforschung gehört in die Gestüte.

Lässt sich von König Friedrich Wilhelm IV. – dem Träumer auf dem preußischen Thron – einladen.

Führt eine kleine Legion von Paris nach Deutschland zur Unterstützung der Badischen Revolution. Was nicht einmal Hecker, Struve und ihren Revolutionären willkommen ist. Man will keine Unterstützung aus dem Ausland. Unpatriotisch. Und dann die Flucht nach der Schlacht bei Dossenbach. Unter dem Spritzleder der Kutsche seiner Frau habe er sich versteckt, wurde verbreitet, und im Volkslied bespottet. Den wahren Verlauf hat Emma Herwegh in einer Broschüre geschildert, *Im Interesse der Wahrheit*. Aber die interessiert keinen.

Ganz übel nimmt man ihm, dass er sich nicht freut. Als der Krieg gegen Frankreich siegreich zu

Ende geht, 1871, Elsass und Lothringen ins Deutsche Reich annektiert werden, der preußische König Wilhelm – der Kartätschenprinz – zum deutschen Kaiser in Versailles ausgerufen wird, schreibt Herwegh: »Du bist im ruhmgekrönten Morden / das erste Land der Welt geworden: / Germania, mir graut vor dir!«

Kam nicht gut an.

Herweghs Sohn Marcel veröffentlicht Jahre nach dem Tod seines Vaters einen schlimmen Verdacht. Herweghs Tod in Baden-Baden, 1875, sei ein Mord gewesen, sein Vater sei von dem ihn behandelnden Arzt umgebracht worden. Mord durch eine Überdosis Morphium. Das ruft die Badener Ärzte auf den Plan, sie erklären sich solidarisch mit dem inzwischen verstorbenen Arzt und bezichtigen Marcel Herwegh des Rufmords.

Es kommt noch schlimmer. In der DDR wurde Herwegh zu den geistigen Vorvätern des Sozialismus gezählt, *Gesammelte Werke* erschienen im Aufbau Verlag. Allein das machte ihn im Kalten Krieg im Westen suspekt. Erst 1975 erschienen seine Gedichte wieder in der Bundesrepublik, bei Reclam, Stuttgart.

In Baden-Baden erinnerte der Kulturrat mit

einer Tafel an Herwegh und brachte sie an dem schönen Haus am Sonnenplatz unter, in dem Herwegh aber nie gewohnt hatte. Er lebte hier, nach einer allgemeinen Amnestie der politischen Flüchtlinge aus der Revolutionszeit, von 1866 bis zu seinem Tode 1875 mit seiner Frau Emma und den drei Kindern in der Scheibenstraße und in der Sophienstraße.

Seine Beerdigung war ein Großereignis in Baden-Baden. Tausend Leute pilgerten zum Friedhof, alte 48er und Dichterkollegen wie Freiligrath. Beerdigt werden wollte er, wie auch Emma, nur in einem freien Land. Liestal bei Basel nahm sie auf. In Liestal befindet sich auch das Herwegh-Archiv.

3

Fußball ohne Geschrei, gibt's das. Offensichtlich nicht. Wir planen: Fußball ohne Trommeln, Gesänge und Geschrei. Für Knurrhähne wie mich.

Fußball sakral, Spieler gemessenen Laufs, Publikum singt Choräle.

Der Ball ist rund. Das ist nicht das Schlechteste an ihm.

Bei sachgemäßem Umgang macht er auch keinen Krach.

4

Nietzsche in Baden-Baden. Sein Zustand: »Bis jetzt nicht gut. Schlaflosigkeit, Erbrechen, Erschöpfung. Doch vertrau ich Ort und Bad ...« Ausgerechnet im Ort der lauen bis heißen Quellen absolvierte er eine »Kaltwasserkur«. Das heißt, Fußbäder in der Oos und kaltes Wasser in kleinen Schlucken. Er kotzte viel. Unser Großer Vorkotzer. Und schlief schlecht. Pfiff sich zu wenig Laudanum rein. Jünger schlief so seine zehn Stunden, weiß Gott womit. Und blieb bei der kleinsten Verstimmung den ganzen Tag im Bett. Fritz lief auch bei dicksten Kopfschmerzen von Brunnen zu Brunnen. Ein kleines Glas folgte ihm wie ein Hund. »Ich gehe viel im schneeigen Tannenwald spazieren, viele gute Wege.«

5

Tiere des Hauses. Kakerlaken, Stinkwanzen, Tauben, Mauersegler, ein Nashorn. Die Kakerlaken wohnen im Keller, Ursprungsquelle, die Stinkwanzen sind überall, die Tauben scheißen auf dem Dach, die Mauersegler kommen Ende April oder Anfang Mai, das Nashorn trabt vornehmlich nachts durchs Treppenhaus. Es schnaubt, wohl wegen der vielen Treppen hier.

6

Nur was alle tun, erschreckt niemanden.

7

Paul Flora. Lesereise durch die Schweiz. Ich: *Grünkohl für Holland,* und er: *Als der Großvater auf die Großmutter schoss.* Er las sein Vorwort, Tag für Tag, von Bern über Solothurn nach St. Gallen, nehm ich mal an, wir fuhren im Taxi, und durch ihn lernte ich viele Museen kennen: Kościusko in Solothurn, das Wagner-Haus in Tribschen. Flora war für alle Fälle Fachmann. Österreichische Bildung. Er erklärte mir sonderbare Sachen, zum Beispiel Hans Thoma, in Tribschen hängen ein paar für mich unglaublich fremdartig wirkende Sachen. Also Thoma hat hochdramatische Bilder zu Opern von Wagner gemalt. Siegfried besiegt den Drachen. Brünhild und die Walküren … Flora stand davor und bemerkte trocken: Guck die Füße an, der Thoma hat keine Ahnung von Füßen gehabt. *Als der Großvater die Großmutter nahm,* wovon Flora sich anregen ließ, ist »Ein Liederbuch für altmodische Leute«. Hrsg. von G. Wustmann. Erschienen 1886 bei Grunow in Leipzig. Mit Holzschnitten und zahlr. Textholzschnitten, 8 Seiten Vorwort, 184 Seiten, Halbleinen-Band mit Rückenvergoldung, meist stockfleckig, wird für so zwischen 100 und 200 Euro im Antiquariat angeboten …

8

Heilbronner Gegend.

Da kam ein entfernter Freund von Martinas Vater, der mit Stoffen handelte, jeweilen ins Haus, wenn die Mutter gekocht hatte zu Mittag. Also fünf vor zwölf kam der. Und sagte, oh, riecht das gut, wie früher bei meiner Mutter. Natürlich durfte er bleiben und mitessen. Dann kam Martina ins Alter. Ballett interessierte sie und mindestens Schauspielerin wollte sie werden. Und der Vater sagte zum Textilhändler, jetzt nimmst du dafür die Martina in die Lehre. So wurde Martina Textilkaufmannslehrling, drei Jahre, drei Jahre Hass.

Zum Laden musste sie von ihrem Dreihundert-Seelen-Dorf mit der Fähre über den Neckar, wenn Hochwasser war, auch noch im Beiboot. Und wenn ein Schiff kam, wartete die Fähre, bis es durch war, und oben im kleinen Bahnhof wartete der Zug, bis die Fähre anlegte und Martina die sechzig Stufen hoch zum Bahnhof hastete. Sie stand morgens um halb sechs auf und war halb acht abends wieder zu Hause. Drei Jahre.

Im Monat verdiente sie achtzig Mark.

9

Wer nicht den Machtblock der Vernunft zu schleudern vermag, der vermag auch nicht mit ganzem Herzen zu lieben.

Ich denke, das steht bei Stifter, sagt Regula, oder auch nicht. Vielleicht habe ich mir das auch nur ausgedacht.

10

Krapp. Krapp? Pflanze im Hagenauer Sand, aus der man den roten Farbstoff gewann, mit dem sich die schönen roten Militärhosen beknallen ließen.

Nördlich vom Wald stand die erste Erdölbohrmaschine. Pechelbronn, heute Merkwiller-Pechelbronn. 700 Einwohner. Sie gewannen da Petroleum für die Lampen, für Schmiere … Für Benzin taugte das Öl nicht. Wurde Ende des Zweiten Weltkriegs von den Amerikanern bombardiert, 3000 Leute sollen in den Raffinerien gearbeitet haben.

Die Wildschweine suhlten sich in dem Öl. War gut für die kleinen Verletzungen nach dem lustvollen Abscheuern von Zecken.

II

Dichter ist eine Ehrenbezeichnung, man verwende das Wort sparsam, bei häufigem Gebrauch knickt das Wort Dichter unter seiner ironischen Last zusammen. (Das Dach ist dicht, wozu noch Dichter?, hat Werner Dürrson gedichtet.) Schriftsteller klingt so handwerklich, wie einer, der am Setzkasten steht. Am ehesten ist Autor zutreffend, da ist der Urheberanspruch drin enthalten. Der Autor ist der Urheber von Selbstgemachtem, im Schreiben versetzt sich der Autor in einen autotelischen Zustand. *Autos,* griechisch – bedeutet Selbst, *telos* – Ziel ... Schreiben ist eine sich selbst genügende Aktivität, wie Lesen und Hören. Man schenkt der Sache um ihrer selbst willen Aufmerksamkeit.

Ein Autor, der eine Reise unternimmt, um seine Texte vorzulesen, begibt sich auf ein anderes Gebiet, er wird zu einem literarischen Reisenden. Sobald er sich auf der Autobahn einfädelt oder den Zug besteigt, wird er zu einem Eindruckssammler, Bildaufschnapper und Fremde-Sitten-

und-Gegenden-Bestauner, zu einem Deutschland- oder Europa-Kontrolleur. Der abendliche Auftritt, die Lesung, das Vorlesen oder Aufsagen, dient dem Verkauf seiner Produkte. Einem Winzer vergleichbar, der seinen Wein einer Degustation aussetzt. Der literarische Reisende gibt seinen Hörern Worte zu trinken.

Der Autor ist ja immer dienstlich unterwegs, alles wird ihm zum Material. Das ist auch der Grund, warum es so viele Erzählungen, Gedichte, und Sketche über Lesereisen gibt. Kaum ein Autor lässt es sich entgehen, über die Erlebnisse, die Freuden und Demütigungen, Absurditäten und Grotesken, die Erfolge und Reinfälle bei Leseabenden zu berichten. Es ist nicht nur der Rachetrieb über ein zu geringes Honorar oder eine schlechte Unterbringung, die ihn antreiben, darüber zu schreiben, es ist eher eine Reflexion über die Rolle, die er da spielt, und die Rolle hat bittere und komische Aspekte. Ein kluger Autor bleibt lieber zu Hause und denkt sich so einen komischen Abend aus.

Ein kluger Autor – wo sollte es denn so einen geben.

12

Für drei Minuten gelingt es ihm noch ein letztes Mal, ein Ballett aufzuführen. Im Theater in Barmen, die Tänzer sind Angestellte der Lackfabrik. Oskar Schlemmer im Brief an seine Frau, 9. 12. 1941: »Reigen in Lack, dauerte etwas mehr als drei Minuten, nach einer Sarabande von Händel, langsam und getragen. Sechs Damen, jede anderes Kostüm aus Glaskugeln, Bierdeckeln, Pappformen etc. Sie machten es recht und schlecht … die Gebildeten waren sehr angetan, der einfache Mann fragt: ›Was soll das bedeuten?‹, aber das ist das Schicksal solcher Dinge.«

13

Hinterzarten. 893 Meter über dem Meer, in Bärental noch mehr. Aha. Aha ist an die 1000. Da hatte Martin Bormann seinen Bauernhof. Schluchsee. In Deutschlands Bahnhöfen schwebt man über Meer in der Eisenbahn. Über dem Meer. In der Schule lernten wir, Westfalen liegt unter dem Meer. In der Schweiz sagt man an den Bahnhöfen die Schwellenhöhe. Dass man über dem Meer ist, weiß man schon. Schwellenhöhe. Die Kunst der zusammengesetzten Wörter. Ich hab da schon die tollsten Höhen gelesen. In Tiefencastel sind die Schwellen 900 Meter hoch, am Albula mehr noch.

14

Das Buch vom Es. Auch nach hundert Jahren frisch und geeignet, den Leser gründlich durchzupusten. Dass die alten Gebrechen, Vorurteile und sogenannten ärztlichen Maßnahmen davonfliegen. Jetzt werden Sie selber Arzt und legen Hand an sich. Krankheit ist nur Illusion, Gesundheit trügerisch. Also vorwärts, ihr eingebildeten Patienten. Die gute Laune gilt es zu gewinnen und täglich eine Portion Leichtsinn.

15

Ein Paar nimmt Rücksicht. Sie benutzen die Terrasse nicht wegen des Nestes, Rotkehlchen, den Steg nicht wegen der Enten, die Wiese nicht wegen der kleinen Schwäne. Sie wollen den Igel nicht vergraulen, sie möchten auch abends den Reiher einfliegen sehen und verbergen sich mit dem Eindunkeln … Sie leben nur noch im Schlafzimmer, haben die Fenster verhängt. Umfangreiche Beobachtungen, bevor sie eine Tür öffnen. Das Auto parkt einen Kilometer weit entfernt. Man bittet Besucher, vorläufig nicht zu kommen. Eine Ausnahme wird gemacht beim Klempner, der kommt sonst nie wieder.

Die jungen Rotkehlchen werden unentwegt grauer und größer. Nur die Umrandung oder das Innere der Schnäbel ist weiß, genau ist das nicht zu unterscheiden. Sie sind vielleicht noch nicht sehend, trotz der großen Augen. Sie starren so merkwürdig gegen die Wand. Die Verständigung mit den heranfliegenden Eltern geht über Laute.

Wenn sie kommen, fiepen sie anhaltend. Die Eltern fliegen ihren Kot in weißer Umhüllung davon. Das Paar wüsste schon gern wohin. Gibt es eine Sammelstelle?

16

Überführung Nietzsches von Turin nach Basel. Overbeck hatte einen Zahnarzt engagiert, der die kleine Gruppe mit bizarren Zahnprothesen ausgestattet hatte. Wenn jemand in ihr Abteil wollte, stülpten sie sich die Dinger über und grinsten blutlüstern. Augenblicklich verschwanden die Sitzplatz-Suchenden. War ja auch peinlich, was Nietzsche da anstellte. Dauernd fummelte er in seiner Hose rum und prahlte, Europas hehrste Königinnen zu begatten.

17

Zigarrenkisten. Bernd Völkle, Tannenkirch, bemalt und beklebt sie, übermalt und entreißt die bunten Einlagen, bringt seine Helden der Kunst und Literatur hinein und verwandelt alles in Völkle-Landschaften. Heroen und Lieblinge, alle geraucht, in Wolken aufgelöst, materialisiert im imaginierten Zigarrenrauch.

Jedes Kistchen ist ja leergeraucht auf gewisse Weise wieder auf dem Weg zurück nach Kuba, einer neuen Füllung entgegensehend. Der Künstler hält sie auf – bleib hier – und füllt sie mit seinen Ideen.

Oskar Schlemmer war ein großer Freund der Zigarrenkistchen und ließ sich von den bunten Einlagepapieren anregen.

Der Geruch hält sich ja noch lange in der Kiste, besonders in dem zwischen den Zigarrenlagen gelegten Blättchen Zedernholz.

Roland Topor stapelte die leeren Zigarrenkisten zu Türmen, Peter Fleischmann ließ sie einfach rumliegen. Bei mir dienen sie der Aufbewahrung von Krimskrams. Weil ich seit zwanzig Jahren nicht mehr rauche, habe ich auch keine Ahnung, was für welcher. Ich hüte mich, auch nur einen Deckel zu heben. Bernd Völkle raucht weiter unverdrossen, die andern sind tot.

18

Geld ist Zeit. Die Uhr, der Wecker, Alarm, Radau, Vorwärts, und wie die Schramberger Produkte alle hießen, haben dem Landmann, der Arbeiter werden musste, das Grübeln über die Ewigkeit ausgetrieben. An die Arbeit, Junge. Der Bauer hatte früher eine Anlage, von seinem Bett aus zu steuern, die nur im Zimmer des Personals, der Knechte und Mägde, radaute. Er selbst ließ sich vom sanften Ticken seiner Uhr noch ein Stündchen in die Kissen schmurgeln. Der Wecker hat der Zeit den sakralen Gehalt ausgetrieben.

Die Uhren alle, in der Werbung, in den Läden. Das wird offensichtlich ernst genommen, die eigene Uhr. Die Uhr, die zu einem passt. Die Uhr, die zeigt, wie man tickt.

Bei uns bekamen die Konfirmanden ihre erste Uhr, Kienzle oder Junghans. Und überprahlten sich untereinander mit der Anzahl der Steine. Steine? Ich wusste es damals nicht, ich weiß es heute nicht. Armbanduhren habe ich nie getragen,

Taschenuhren jedoch waren Jahrzehnte Pensionsgäste meiner Hosen und Westen. Jetzt liegen immer einige auf dem Schreibtisch. Ich betrachte sie mit Wohlwollen.

19

Frau mit Pudel. Der Hund und sie kommen vom Friseur. Der Polizist hat die Verwarnung an ihr kleines entzückendes Sportcabriolet gepappt. Sie fetzt den Zettel von der Scheibe. Der Pudel tanzt fröhlich herum. Warum nicht auch sie. Pudel macht Männchen, reicht ihr die Pfoten, sie greift die Pfoten und tanzt mit ihm. Heftig schlägt der Schwanz. Die Frau trägt einen schwarzen Pulli, der Bauch ist frei, dann kommt eine schwarze dreiviertellange Hose, Sandaletten weiß, wie der Pudel. Ein wenig Nutzen soll doch schon für sie herausspringen, wenn sie hier schon 10 Euro zahlen muss. Sie will den Hund zum Scheißen führen. Hinter die Edelbüsche. Dem Hund ist alles Spiel. Dann eben nicht. Sie tanzt mit ihm zum roten Auto. Abfahrt 10 Uhr 20.

20

Gestern im Kongresshaus tagte der Förderungsverein zur Verhinderung von Brandursachen. Meine Stunde. War ich nicht mal Feuerwehrmann in Zürich, bekam ich nicht, wenn ich die Tracht anhatte, im Quartier Freitrunk, als Quartierschützer und nachgerade auch als Feuerheld? Und ruf ich nicht allzeit beherzt »Feurio!«, wenn ich eines Feuers ansichtig werde? Ich wollte da natürlich sofort Mitglied werden, immer wacker in vorderster Front zur Bekämpfung der Brandursachen. Aber sie sträubten sich, sie wollen nur Leute, die beruflich da ganz dick mit drin zündeln, also Dämmwände schleimen oder Anlagen bauen, aber auch Pyrotechniker, die Tannenbaumkerzen machen, die nur schwer brennen, oder Feuerwerke, die nicht feuern ... Na gut, sag ich, ich piss den Leuten in die Streichholzschachtel, ich schmeiße Decken übers Grillfeuer ... Zu saufen gab's reichlich, ein Cocktail nannte sich Brandsurfer, aber ich kam nicht rein in den Brandursachenverhinderer-Verein.

21

Zitate aus Adornos Jugendwerk *Der Jüngling und das Opfer:*

In deinem Jungherbst rast kein Frühling mehr
Der Gemorschte
Welcher Rausch glüht da aus
Die Stadt redet Zacken
Du dolchst mich in dir
Da peitscht dich der Altar
Da will was retten – die Heilsarmee
Da zuckst du ab
Der Gekreuzigte hängt nicht sonderlich apart

22

Wie runtergekommen die Räume sind. Ich sitze in einem fensterlosen Räumchen und warte auf den Redakteur, der Kaffee holen gegangen ist. Er muss alles selbst machen. Die Hilfskräfte, die er zugeteilt bekommt, helfen nicht, die wollen kreativ sein. Nun ist bei dieser Arbeit aber nur zwanzig Prozent Kreativität notwendig, diesen Anteil will er für sich.

Früher war es sauberer in solchen Räumen. Auch die Flure seltsam verkommen. Wandschmuck besteht aus bunten Bildern mit Sendemasten und Anlagen, die wahrscheinlich auch mit Senden zu tun haben. Eine handbeschriebene Pappe: Achtung Taschendiebe! Ich kann es nicht glauben und frage die Aufnahmeleiterin. Ja, dauernd sei was weg, Geld, Schlüssel, Pässe, Notebooks, und über Nacht im großen Stil: Monitore, Pulte, Schaltsysteme, nach und nach verschwinde ein ganzes Studio.

23

Sören Kierkegaard setzt den Nullpunkt der Langeweile bei der Schöpfungsgeschichte an, die Götter langweilten sich, darum schufen sie den Menschen.

Adam langweilte sich, dafür hatte Gott vollstes Verständnis, kam also Eva hinzu, dann langweilten sich Adam und Eva zusammen, dann gründeten sie Familien, dann wurden es immer mehr Menschen und sie langweilten sich in der Masse.

Not und Langeweile litten um 1900 auch die Patienten des Sanatoriums Marienhöhe. Not, weil irgendwo was drückte oder juckte, und Langeweile, weil sie übersättigt waren vom bequemen Leben und unter Gewichtsproblemen ächzten.

Groddecks Stunde.

Sein Geschäft bestand darin, seine Patientengäste bei Laune zu halten, während er die Natur beauftragte, sie zu heilen.

Die Verordnungen, die Groddeck seinen Patientinnen mitgab, hatten es in sich:

Täglich mit der Faust einen Schlag auf die rechte Rippe.

Täglich die Zunge und das Zahnfleisch massieren.

Mit der Hand das Gesicht zusammendrücken.

Von den Füßen bis zum Kopf waschen ist zuträglicher als beim Kopf anfangen.

Kein Abführmittel, sondern auf den Bauch legen und etwas Massage.

Ein Instrument lernen ist besser als lesen lernen.

Täglich eine Dosis Leichtsinn.

Leben Sie! Lieben! Leben!

Das Atmen nicht vergessen.

24

In Berlin zu Hause.

Artenvielfalt wie noch nie. Nicht auf dem Land, da hat die Monokultur ordentlich abrasiert. Der Rote Milan, der Rabe, der Fuchs, der Dachs, der Siebenschläfer, ja sogar der Seeadler, sie sind in Berlin zu Hause. Weil sich niemand um sie gekümmert hat. Auf dem Land haben alle Maßnahmen des Naturschutzes etc. wenig gefruchtet, es ist immer schlimmer geworden. In den Städten, auch in den wegen der Zersiedlung der Landschaft so gescholtenen ausufernden Siedlungen, finden seltene Pflanzen und für ausgestorben gehaltene Tiere ihr Zuhause. Willkommen. Nach Einbruch der Dunkelheit sieht man in den Einfamilienhäusern am Stadtrand Jäger in den Fenstern lehnen, das Nachtsichtrohr am Auge, das Gewehr bei Fuß, bald wird ein Wildschwein kommen …

25

Früh zum Alten Schloss, da füll ich meine Wasserflasche, halb zehn in Ebersteinburg, Staufenberg … Ein Auto rast vor mir den Feldweg nach Gernsbach runter. Ich sehe durchs Rückfenster eine Katze neben dem Lenkrad und eine Hand, die die Katze streichelt.

26

Große Woche. In Iffezheim sammeln die Pferde das Geld ein.

27

Geriet an *Gärten und Straßen*. Jünger in Kirchhorst, dann im Schilfhüttchen bei Greffern und immer zum Essen bei Eiermann in Iffezheim. Seine Gruppe ab nach Paris, immer den Panzertruppen hinterher, es ist alles entschieden, er kommt zu seinem Bedauern nicht mehr ins Feuer. Viel Gelegenheit, sich anständig zu benehmen und seinen Leuten vorzuleben, dass man das Maß bei Übergriffen zu wahren habe, eine Sache der Ehre. Weiter mit Gesang auf Paris zu. Madame C. erklärt ihm sehr anschaulich den Unterschied zwischen *pêcher* und *pécher*. Reichlich Burgunder und Veuve Clicquot in den entleerten Schlössern. Eine als gutmütig bezeichnete Wirtsfrau anlässlich der Zubereitung des unglücklichen Kaninchens, das ihm zum Essen vorgesetzt wird: »Ich reiße ihnen die Augen aus, damit sie besser ausbluten.« Ich war froh, dass der Waffenstillstand kam und das Buch ein Ende hatte. Ausgabe von Mittler, 1942, zweite Auflage.

28

Mühlacker Bahnhof. Das Haus im Blick. Länger als nötig. Ein Aufenthaltsdrama. Es strahlt eine derartige Langeweile aus, dass man nicht anders kann, als Tarnung zu vermuten. Hier also ist die Zentrale der Verbrechen. Der Sitz der Entscheide über zu verströmendes Blut, zu raubendes Geld. Wir haben uns die Kapitale des Verbrechens immer schon so vorgestellt. Wir wussten nur nicht, dass sie in Mühlacker zu finden ist.

29

Dem Vorkämpfer der baden-württembergischen Hygiene, dem gefühlsechten Beschützer Tausender Schwarzwaldmädels und -frauen, dem verdienstvollen Verhinderer der berüchtigten »Franzosen«, der »Go-now-Röhre«, des »Tripperary«, dem glücklichen Beherrscher des Kondommarktes 1945–1948 zwischen Pforzheim und Stuttgart, avec respect überreicht und vom O.-J.-Archiv genehmigt, mit Tannengruß.

30

In der Frühzeit des deutschen Fernsehens übertrugen sie jede Fürstenhochzeit, stundenlang. Der Kommentator mit seinen zwei Seiten Hintergrundinformationen kam selten in Fahrt, eigentlich nur, wenn er uns eventuell aufkommende Neidgefühle austreiben wollte. Dann erinnerte er an das Amt, die Verantwortung, die Disziplin, die Schwere der Krone. Damals wollte ja noch jeder mal ins Fernsehen, und die Zuschauer dachten dann wohl, die Krone macht mir nichts aus, und für die Länge der Übertragung diszipliniert herumstehen und nicht gleich in den Schlosskeller laufen und die frischen Möselchen hochholen, schaff ich leicht, und die Regierungsgeschäfte mach ich mit links. Von der Schwere seiner Aufgabe wagte der Moderator nie zu sprechen.

Bei der Tour de France zittern wir jeweilen mit Jochen Emig und seinen Kollegen, Hagen von Foxtrott und Johann van de Waterfront. Ihre Hintergrundinformationen sind schnell mitgeteilt, ihr

Allgemeinwissen schnell verbraten, ihre kulinarischen Anregungen schnell verpufft, aber die Radfahrer fahren noch immer. Und so tropfen sie alle Kilometersteine mal einen Satz auf den heißen Asphalt, meist geht es um die Leiden der andern, der Radfahrer. Ihre eigenen Leiden, über Stunden so eine wahnsinnige Schleifensendung moderieren zu müssen, übertragen sie auf die Athleten. Die Fahrer sind gut gelaunt und guter Dinge, freuen sich an den Mädchen und Frauen am Wegesrand, an keiner Kreuzung müssen sie warten, die Landschaft ist abwechslungsreich und der Jahreszeit entsprechend fleißig bebaut oder beerntet – so günstig, billig und privilegiert kommen sie nie wieder durch Frankreich.

31

Der Augenarzt staucht einen Russen, der ein trockenes Auge zu einem Arbeitsunfall hochfeiern will, zusammen. Betreten Sie nie wieder meine Praxis, Sie wollen sich nur eine Rente erschleichen. Was denken Sie denn, wo Sie sind. Das machen wir nicht mit. Sie denken, wir seien so dumm. Mit uns könnten Sie's machen. Bei uns sei das Geld locker. Nein, mein Herr, hinaus. Ich will Sie nicht mehr sehen.

Zeugen, alle, die in der Wartehalle sitzen, schwer beeindruckt.

32

Brüderchen und Schwesterchen. Das war das Bild, in das er sich schmerzhaft hineinzuversetzen erträumte. Der große Bruder, etwa sechs, blondes Haar, blaue offene Augen, in einem gestrickten Anzug, hält um die große Schwester, etwa vier, in einem gestrickten Kleidchen, lächelnd, mit Grübchen in den Wangen, eigentlich wie sie heute noch lächelt, schützend den Arm. Das waren seine über zehn Jahre älteren Geschwister. Er fühlte sich wie vergessen. Allein. Er war ganz allein und ohne Foto. Von ihm gab es noch kein Foto. Sein erstes wurde in der Schule in Gremmendorf gemacht. Ein Portrait. Seine Eltern mussten dafür eine Mark zahlen, 1948. Die Aufnahme hatte ein Berufsfotograf gemacht, der in die Schule gekommen war. Er hatte ein Klassenfoto gemacht, das war Pflicht zu kaufen (oder zumindest fühlten sich die Schüler und die Eltern dazu verpflichtet), die Portrait-Aufnahmen waren freiwillig.

Brüderchen und Schwesterchen auf ihrem Foto

schauten einen an, ernst und sich seiner Verantwortung bewusst der Bruder, schelmisch verschämt lächelnd die Schwester. Sie sahen ihn an. Sie konnten ihn sehen. Sie sagten, du bist nicht dabei. Du bist zu spät gekommen.

Auf seinem Portrait aus der Schule blickte er irgendwohin, wohin zu blicken ihm der Fotograf befohlen hatte, an der Kamera vorbei.

So konnte er sich nicht sehen. Er sah zwar das Bild, aber der auf dem Bild sah nicht ihn.

33

Was sie nicht sagen. Genau, okay, super. Sie sagen nicht: Pupillenblick, Guglhupf, Lastenausgleich.

Das beruhigt kolossal, sagte ich als Jugendlicher, und dumpf, mit Jörg Schröder, alles bekam ein dumpf vorgestellt oder angehängt, bis Bernhard mich Dumpfi nannte, dann war das vorbei.

Ja, Horst, so isses, sagte Werner Albsmeier, ja, ja, seufzt Walter Hubertus in Gesprächspausen, und so weiter und so fort, sagte Max Grundig nach kaum begonnenen Sätzen, und Maja soll das jetzt auch angenommen haben.

Anna übernahm jeweils den neuesten Sprech der Stadtjugend, allein zwei bis drei Jahre besuperte sie alles.

Isses nich so, Liesel, sagte Tante Liselotte zu meiner Mutter, und wenn sie die Nachrichten gehört hatte: Scheußlich, dieser Adenauer.

Hülsen sagt zehn Mal die Stunde Amore.

Wenn der Zorn sie überkommt, sagt Regula

Scheiße, entschuldigt sich aber gleich: Das gehört sich nicht für eine Dame, aber ich bin ja keine.

34

Der Russen sind heute wieder viele, wie viele Kulturschaffende unter ihnen sind, weiß ich nicht. Aber ich weiß, dass die Vornamen der hier geborenen männlichen Russen Iwan, Leo, Fjodor lauten, nach Turgenjew, Gontscharow, Tolstoi oder Dostojewski. Es gilt in Russland als besonders schick, in Baden-Baden geboren zu sein und dazu den Namen eines der bedeutenden russischen Dichter zu tragen, die Baden-Baden die Ehre ihres Aufenthalts gegeben haben. Die hier zur Welt kommenden russischen Mädchen heißen alle entweder Jelisaweta (Elisabeth) Alexejewna oder Louisa nach der badischen Prinzessin aus Karlsruhe, die es an die Seite des Zaren gebracht hatte. Katharina die Große hatte die Heirat arrangiert, das badische Mädchen war 14, der Gatte 16.

Russische Kaiserin war sie von 1801–1825. Ein groteskes Standbild von ihr können Sie sehen, direkt neben dem pompösen Bismarck-Denkmal.

Für diese Denkmäler ist die Stadt nicht verantwortlich zu machen, sie bekommen diese Dinger geschenkt und stellen sie dann zähneknirschend irgendwohin. Wie auch den kolossalen Dostojewski hinter der Rheumaklinik, der mit nackten Füßen auf einer Weltkugel balanciert, die zu bersten und den kleinen Abhang runterzusausen und Baden-Baden unter sich zu zerschmettern droht.

35

Am Landbesitz der evangelischen Kirche in Thüringen änderte auch die Säkularisierung von 1803 nicht die Bohne. Noch heute ist die Kirche eine der größten Landbesitzer, verwaltet, verpachtet. Nicht verkauft. Man melkt die Kuh, man schlachtet sie nicht. Wenig Interesse, an ökologisch fortschrittliche, gemeinschaftliche, biologisch-dynamische Kräfte zu verpachten. In den zuständigen Kommissionen sitzen Vertreter konventionell arbeitender Betriebe und der Kirche und sorgen dafür, dass es bleibt, wie es ist, und die großen Betriebe sich weiter vergrößern können.

Hörte im Radio einen Bauern aus Schwaben, der sich mit seiner Familie in Thüringen eingekauft hat, klagen, dass es seinem Familienbetrieb nicht gelingt, von der Kirche Land zu pachten. Absatzlage für sein ohne Zusatzfutter, chemischen Dünger und andere Putscher erzeugtes Fleisch bestens, könnte mit mehr Land mehr Qualitätsfleisch, Eier, Gemüse erzeugen. Kirche und die für die Vergabe entscheidenden in der Kommission sitzenden Großbauern verweigern sich. Seine Vorstellung, eigentlich müsste die Kirche aus moralischen und ethischen Gründen einer wie von ihm betriebenen Landwirtschaft doch den Vorzug geben. Denkste.

36

Das Orchester sei zu teuer gewesen, der Funk habe sich gar nicht leisten können, Aufnahmen seines Orchesters zu spielen, die seien ihnen viel teurer gekommen als die Aufnahmen, die sie sich irgendwo besorgt hätten. Das müsse man sich mal vorstellen. Weil jeder einen Sondervertrag gehabt habe, für jeden Trompetenstoß hätte es Geld geben müssen, ja manche Musiker hätten auch einen Vertrag für ihre Instrumente gehabt, also jeder Einsatz des Instruments hätte bezahlt werden müssen, der Musiker natürlich auch, und das, obwohl sie ja ein Grundgehalt sowieso bekommen hätten, ha, Grundgehalt, Hochgehalt wäre das richtige Wort. Michaela habe das persönlich miterlebt. Das sei so nicht weitergegangen, das müsse man endlich einsehn.

37

Sinnspruch in blauer Tinte. Elisabeth, Königin von Rumänien: »Critik ist oft Unverstand oder Unvermögen – Höheres Können ist wohlwollend.« Elisabeth. Als Carmen Sylva noch eine feste Nummer im Antiquariat. Mit Foto, es zeigt sie an der Orgel im Musikzimmer des Schlosses Pelesch, um 1902. 150 Euro.

38

Mit welcher wurmartigen Geschmeidigkeit die Paste herausglitt, nachdem Brigitte den Verschluss der Zahnpasta aufgedreht hatte. So ist mein Leben, dachte sie. Da dreht einer, und ich gehe auf, ich gleite in den Tag. Wer aber dreht an ihr? Ihr Mann, die Kinder, Gott? Sie wollte jetzt baden. Aber als sie sich über die Wanne beugte, um das Wasser einzulassen – welch ein Abgrund.

39

Was von Goethe kommt – muss einen Hintersinn haben, eine Wahrheit enthalten, wir erwarten von Goethe-Worten, dass sie sich in deutsche Tiefe tunken. Dabei hat Goethe auch gern Quatsch gemacht.

> Gewöhnlich glaubt der Mensch, wenn er
> nur Worte hört,
> Es müsse sich dabei doch auch was denken
> lassen.

Nun, über kein Goethe-Wort hat die Germanistik des 19. Jahrhunderts so ausführlich debattiert und nach dem Geheimnis geforscht wie über das Hexen-Einmaleins:

> Mein Freund, die Kunst ist alt und neu.
> Es war die Art zu allen Zeiten,
> Durch Drei und Eins, und Eins und Drei
> Irrtum statt Wahrheit zu verbreiten.

40

Noch nie sah ich den Friedhof so belebt. Die Toten waren aus ihren Gräbern gestiegen und säuberten die Oberflächen ihrer Schlafstätten mit benzinmotorbetriebenen Pustern von den der Jahreszeit entsprechend herab- und herbeigewehten Blättern. Ein unerträglicher Lärm. Ich machte, dass ich wegkam.

41

Diese Inseln da im Meer, Hvar und Rab, man darf nicht dran denken, wenn man aus dem Fenster kuckt, sonst träumt man sich da noch hin und nix ist mehr mit der Arbeit. Dabei ging's ums Leben. Wir mussten sparsam sein. Fünfzigerjahre, wir waren Pfadfinder und hatten wenig Geld. Darauf waren wir auch noch stolz. Wir gingen halt zu Fuß. Die Soldaten in Jugoslawien hatten anstatt Socken Zeitungspapier in den klobigen Schuhen. Parteizeitung. Rote Fahne oder so. Traten sie also mit Füßen die Wahrheiten der Partei. Wir hatten auch keine Socken, liefen barfuß in Sandalen. Die waren ausgeschnitten aus Autoreifen, und unser Schuster am Albersloher Weg hatte Lederriemen montiert. Unsere Füße waren jung. Die hielten was. Die Sandalen sowieso. Wir nahmen also nicht die Fähre, um auf die Insel zu kommen, wir schwammen. Zurück wurde es schwierig. Wind war aufgekommen, Wellen klatschten. Klaus Friedrich wurde vielleicht nur einen Kilometer abgetrieben, ich mindestens drei. Ich fürchtete um mein Leben. Die Wellen klatschten mir über den Kopf. Es ging noch mal gut. Wir redeten nie mehr darüber.

42

Lieber Bernhard,

das wollen steht
hallen stahlen
sterne baden weltraum
Welten
Umpranken
Geheimnis

August Stramm hat die Sprache verkürzt, knapp und koppheister, war ja auch ein Fernmelde-, Telegramm- und Morsebeamter bei der Reichspost. War mir immer wie Annette, Knipperdolling und Pinkus Müller ein Heiliger aus Münster, jetzt berief sich Bernhard Wette auf ihn. Nahm gleich *Das Werk* (Limes 1963) vor und las *Die Bauern,* ein tolles Stück, das er laut, sehr laut auch seinen Töchtern beim Schlafengehn vorlas, die daraufhin die ganze Nacht kein Auge zubekamen.

Lies mal das Nachwort seiner Tochter Inge. Tränen schießen, Liebe lebt, was es einst für Herzen gab.

43

Wie die früheren Menschen auf ihren Fotografien würdig aussahen.

Die Haltung. Gekleidet waren sie auch besser. Sie waren Bäume, von denen es ja auch früher mehr gab. Die Mädchen waren Birken, die Mütter Buchen, die Väter Eichen. Es will so gar nicht zu ihren Erscheinungen passen, dass sie hauptsächlich Kartenspielen im Kopf hatten, die Frauen Rommé, die Männer Skat und Doppelkopf. Wie trivial. Und sie stritten sich dabei, schrien und lachten. Das passte doch nicht. War ihnen egal.

Heute spielt keiner mehr Karten. Sie starren auf die kleinen Bilder ihrer Handys. Da empfangen sie all das, was ihr Leben ausmacht. Was ist das? Weiß ich doch nicht, ich habe kein Handy.

Also an Bäume erinnern sie mich nicht, wenn ich sie auf Fotos sehe. Sie sind ja dauernd auf Fotos. In allen Situationen sind sie fotografiert. Es gibt sie nur noch auf Fotos. Wo sind sie hin?

Viele sitzen in Autos. Stehen im Stau oder fahren gerade geradeaus. Mit den Hebeln und Knöpfen um das Steuer herum kennen sie sich aus. Fachleute. Sie schalten und hebeln, drücken und ziehen, da sind sie zu Hause.

Mädchen bleiben Birken. Sie wehen. Hierhin und dorthin.

Frauen müssen einkaufen. Es gilt, was zu besorgen. Dieses und jenes.

44

Ziele haben. Man sieht's bei den Hunden. Sie lechzen danach. Der Mensch nimmt einen Stock und wirft ihn weit weg. Sofort zischt der Hund hinterher. Und kommt stolz wie Oskar mit dem Stock im Maul zurückgerannt. Und wieder Stock weit weg, Hund zisch hinterher. Nicht nur albern: pfurzblöd.

45

Mode ist heute. Die macht kein Schneider. Vom Zeitgeist beseelte Designer haben sich die Haut vorgenommen. Die schluckt ne Menge.

*

Zeitgeist und Weltniveau treffen sich zur jährlichen Mode-Besprechung in Krefeld. Zeitgeist legt die neuen Entwürfe vor. Weltniveau ist not amused.

*

»Schön sind Dinge, die die Spuren des Nichts in sich tragen«, schreibt Han, Autor und Philosoph. »Schön ist nicht die Dauer eines Zustandes, sondern die Flüchtigkeit des Übergangs, nicht die volle Präsenz, sondern ein Da, das mit einer Abwesenheit überzogen ist, das um die Leere leichter ist.«

46

Fernsehserien sind wie das Leben. Dauern lange. Mörder brauchen ihre Zeit. Haben sie die in Wirklichkeit auch? In Wirklichkeit sind die Mörder hier die Autoren, die sich die Hände reiben, wenn sie zwanzig Leute umgebracht haben. Das stört uns nicht. Ach, die Autoren. Denken Sie mal nicht, die hätten ein feines Leben. Einige schon, andere weniger. Das hat mit der Anzahl der von ihnen Umgebrachten nichts zu tun. Kaum haben sie ihr Honorar, fahren sie nach Sizilien, kaufen Überflüssiges oder wechseln das Geschlecht. Autoren haben Nebenautoren, Zusatzautoren und Ergänzungsautoren. Ich bin so einer. Meine Aufgabe besteht in der Verlängerung. Ich bin ein Verlängerungsdramaturg. Ich lese die Drehbücher und finde Möglichkeiten der Verlängerung. Schließlich brauchen dreißig Folgen ein Vorne und Hinten. Hinten ist meist offen.

47

Rote Rüben à la Rübezahl. Wie sie Regula macht. Gut waschen. Längs schneiden, drei oder vier Streifen, in den Topf mit einem nicht zu kleinen Klecks Butter, Zwiebel dazu, salzen. Deckel drauf. Köcheln. Etwa zehn Minuten. Gut so.

48

Nichts ist drinnen, nichts ist draußen.

Denn was innen, das ist außen.

Alles ist, wie es ist. Reine Oberfläche, aber eine, die nach oben will.

Ab in die Höhe. Ohne bergsteigerisches oder transzendentales Interesse. Oberfläche, die es in sich hat. Tiefe. Tiefe Oberfläche. Wie bei uns.

Die ersten zwanzig Jahre unseres Lebens verbringen wir mit Wachsen, in die Höhe Wachsen. Dabei verändert sich die Oberfläche, die Haut. Die Haut muss alles mitmachen.

Die Haut hat eine Tiefe, die mehr über den Zustand des Menschen mitteilt – sein Alter, seine Verfassung, Ernährung usw. – als alle anderen Organe. Dieses papierdünne Häutchen trennt draußen und drinnen, trennt die Welt des schönen Scheins von der Welt der Leiden. Wir wüssten eigentlich ohne Nivea und Mode gar nicht, wie wir mit dieser Spielfläche Haut fertigwerden würden. Deswegen machen wir sie auch so theatralisch sichtbar und inszenieren uns auf ihr. Die neuesten Folgen dieser von der Haut ausgehenden Unruhe ist das Tätowieren.

49

Erst seit dem 19. Jahrhundert verwenden wir das Hauptwort Kunst speziell für die schöpferische Betätigung des Menschen und seine Hervorbringungen in Malerei und Bildhauerei.

Vorher war das Wort an eine vernünftige Tätigkeit gekoppelt, wie kochen und lieben, dann hieß das Kochkunst oder Liebeskunst.

Wenn man künstlich Geschaffenes würdigen wollte, stellte man das Wort Kunst voran, wie in Kunsthonig oder Kunstdünger. Kunstbutter für Margarine war auch sehr beliebt als Wort und Produkt – beliebter zeitweise als Butter aus Milch. Und dann das Kunstholz. Erfindung von Max Himmelheber. Unzerstörbares Ding aus Abfall, Holzspäne geklebt.

Mit dem Hauptwort Kunst kam viel Unheil in die Welt. Überdeutlich bei Eröffnungen von Ausstellungen – Vernissagen. Da steht da meist ein armer Tropf und muss begründen, warum das nun Kunst sei.

50

Die hohen Tannen sprechen: Wir sind nicht traurig, wir sind nicht fröhlich, wir sind fest. Vor einiger Zeit schlenderten wir durch Amsterdam, entlang der Keizersgracht. Plötzlich breitete sich ein lieblicher Geruch über den von Brackwasser und Dieselabgasen aus. Wir rochen Schwarzwald. Tannenholz, Harz ... ganz unverwechselbar.

Und hätten wir jetzt einen Einwohner dieser herrlichen Stadt mit ihren prächtig gegiebelten Handelsherrenhäusern gefragt, woher denn der schöne Duft sei, so wär es schon möglich gewesen, dass er »Kannitverstan« gesagt und uns damit die Spur gewiesen hätte. Wir aber gingen weiter und ein Wummern war in der Luft, ein dumpfer Takt von mit gewaltiger Kraft getriebener Masse von Eisen auf Holz. Als wir um die Ecke kamen, sahen wir eine Ramme in Aktion an einer Brücke und da lag ein Haufen langer Stämme und ihr Geruch hatte uns hergeführt und wir brauchten gar nicht die Forststempel aus Forbach zu lesen, wir wussten gleich, das sind Murgtäler … und die Ramme rammte tatsächlich diese riesenlangen Stämme – die in der Murgschifferschaft Holländer genannt wurden – in dieses Amsterdamer Erdreich, dieses Gemisch aus Sand und Schlick.

Amsterdam ist auf den Schwarzwald gebaut, ja, das hatten wir gelesen, bei Johann Peter Hebel und Wilhelm Hauff – aber das war doch lange her. Wir waren versucht, in die Kneipen zu kucken, wo sitzen die Flößer aus Gernsbach und Steinmauern und zählen ihr Geld …

Johann Peter Hebels Handelsbursche, der sich im schönen Amsterdam über ein gar prächtiges Haus und Schiff wundert und auf die Frage nach ihrem Besitzer sich aus der kurz und schnauzig geraunzten Antwort »Kannitverstan« den Namen ihres Besitzers bildet, ist Schwarzwälder aus Tuttlingen, wandelt in Amsterdam auf Schwarzwälder Grund, und nachdem er auch der Beerdigung des vermeintlichen Herrn Kannitverstan beigewohnt hat, setzt er sich in ein Wirtshaus, wo man Deutsch versteht, und verzehrt leichten Herzens einen Limburger Käse. »Und wenn es ihm wieder einmal schwerfallen wollte, dass so viele Leute in der Welt so reich seien und er so arm, so dachte er nur an den Herrn Kannitverstan in Amsterdam, an sein großes Haus, an sein reiches Schiff und an sein enges Grab.«

Hebel und Hauff, literarische Traumreisende, der eine träumt vom Wiesental, der andere vom Murgtal.

Stellen Sie sich einen schon früh, wenn nicht immer schon ältlichen Mann vor, ein Mann im höheren Kirchendienst, sitzt in der Großstadt Karlsruhe und träumt eigentlich nur vom Tal, vom Wiesental. Da ist der Bach, die Wiese, die vom Feldberg kommt und je nach Wetterlage nach Basel springt oder plätschert.

Wilhelm Hauff war als Junge im Murgtal, in Schönmünzach, zu Besuch bei einem Verwandten, der eine Schmiede mit Ausschank betrieb. So ein Amboss kann ja für einen phantasievollen Jungautor auch zu einem Summstein dienen. Da hörte der junge Hauff manchen Ton und manches Zeug, das sich bei ihm zu einer Wirtschaftsgeschichte aus der Frühzeit unserer Industriegesellschaft verdichtete, *Das kalte Herz* wurde daraus, erschienen im *Maehrchenalmanach für Söhne und Töchter gebildeter Stände auf das Jahr 1828*. Die Geschichte packt einen nicht nur wegen der Parabel über Herzlosigkeit, auch die Sicht des jungen Autors – der ja gerade mal nur 25 Jahre alt wird – auf die ökonomischen Verhältnisse im Murgtal macht staunen. Der geschilderte Handel mit Tannen entspricht den damaligen Verhältnissen. Der schlimmste Bursche in der Geschichte ist der Holländer-Michel, der die schön gewachsenen, langen dicken Stämme – die Holländer – nach Holland flößt, wo sie für den Schiffsbau und die Fundamente für die schönen Häuser und Brücken verwendet wurden. Wie wir sahen – bis heute!

Meine liebste Stelle aus dem *Kalten Herz* ist aber die, wo der Holländer-Michel dem Kohlenmunk-Peter die Vorteile des Herzens aus Stein preist. Dem Kohlenmunk-Peter graust bei der Vorstellung, anstelle seines pochenden Herzens einen kalten Stein in der Brust zu tragen. Ach was, sagt der Holländer-Michel, warum soll denn ein Herz warm sein? Denk mal, wie angenehm so ein steinernes Herz im Sommer abkühlt, und im Winter, da hilft ein Kirschgeist mehr als ein warmes Herz.

51

Jetzt mal halblang. Wie sie alle vergehn, diese Tage, einfach so, sie denken sich nichts dabei, zack, wieder einer rum, der nächste bitte.

52

Der Pianobar-Pianosolist hatte es nicht einfach. Zu leise war scheiße, zu laut aber auch. Er hatte nicht zu stören und störte doch. Heute, da alle Großschriftsteller verstorben sind, bevölkern eher Agenten aller Art und Immobilienhändler die Pianobar. Sie wollen nicht gehört werden. Sagt einer, dann setzen wir so lange Syrer rein, oder ein anderer, mit einer Lebensversicherung sind Sie immer auf der richtigen Seite, so soll das nicht jeder hören. Nun ist die Stimmung in der Pianobar allerdings dergestalt, dass einem außer einen Mord zu begehen nichts einfällt. Zuallererst trifft es den Pianosolisten.

53

Goethe aß gut. Mutter konnte kochen, und die Markthalle war keine hundert Schritte weg. In Italien dann die Verfeinerung, sortentypische Zubereitung. In Weimar besorgte seine Frau die Küche, sehr gut, er setzte an dabei. Doch wurde es Christiane mit den Jahren zu viel, eine Beiköchin musste her. Daniela Mitzel war ihm aus Baden vom Grafen Nayhauß empfohlen, eine Köchin der besonderen Art, die unter den Franzosen gelitten, aber ihre Gabel zu schlagen gelernt hatte. Die nahm er, es ging nicht gut. Sie kochte gegenfranzösisch, aus Hass auf die napoleonische Armee, die ihr den Haushalt durcheinandergebracht hatte. Goethe ließ sich's eine Zeit auftischen, dann aber hinaus. Er schrieb ihr noch ein Zeugnis:

»Frau Mitzel hat auf Empfehlung des ehrenwerten Grafen von Nayhauß zwei Jahre in meinem Hause gedient. Gewöhnlich beliebt es ihr nur nach eigenem Willen zu kochen, es ist eine Art Feldzug mit schröcklich viel Blut, denn ihr gerät alles zur Soße, selbst wenn sie ein Ei sieden soll, wird's Soße, soll sie hingegen eine Soße machen, sei's eine Frankfurter, wird eine anrüchige Masse draus, aus der sich Blutwurst stopfen ließe.« Es war im März 1821, als Daniela Mitzel dieses Zeugnis ihres Arbeitgebers ausgehändigt bekam. Was mach ich nur damit, wie kann ich daraus eine gute Soße machen, dachte sie unentwegt, während sie die von ihr wegen der geringen Stufenhöhe immer schon als bescheuert empfundene Treppe des Goethe'schen Hauses herunterschritt, das Zeugnis in Schnipsel zerriss und in ihre Schürze steckte. Im Cotta'schen Badischen Hof in Baden hat sie dann eine Stelle gefunden, wo ihre mit kreativem Hass zubereiteten Zeugnissuppen und nach handgeschöpftem Papier duftenden Goethesoßen Aufmerksamkeit erregten.

54

Torwart der Liverpooler im Endspiel gegen Real Madrid verwirrt.

Schleudert beim Abspiel den Ball gegen den Fuß eines Gegners, der Ball springt ins eigene Tor. Wir sitzen starr, halten es doch mit den Tommys. Der Torwart ist Deutscher, sieht gut aus, hat sein längeres Haar zu einem lustigen Schwänzchen gebunden und scheint von oben bis unten tätowiert. Einem Waliser von Real gelingt ein perfekter Fallrückzieher: Tor.

Wie mag der Torwart nur geschlafen haben.

55

Theo Pinkus und Frans Masereel waren befreundet. Pinkus verwaltete die Rechte an Zeichnungen und Holzschnitten Masereels in der DDR und der Schweiz.

Masereel hat dieses wunderbare Bild vom die Treppe hinaufstürmenden Pinkus in Holz geschnitten, das zuerst auf einem Antiquariatskatalog erschienen ist. Anfang der Sechzigerjahre. Pinkus stürmt die Treppe hoch – und diese Treppe war genau wie dargestellt: sehr schmal, sehr steil –, links und rechts die Regale voller Bücher, auch unter beiden Armen trägt Pinkus je einen Bücherstapel, die Füße sind weit auswärts gestellt – so war eben seine watschelnde Gangart –, und oben fehlt der Kopf. Sein Kopf ist längst auf- und eingegangen in dieser Bücherwelt, wozu braucht der Mann einen Kopf, wenn er so viele Bücher sein Eigen nennt. Und über der leeren Stelle, wo sein Kopf sein müsste, eine Fahne mit einem Stern. Ein Mann geht auf in einer Utopie.

56

Henusode. Sei's drum.

57

Dichter in Gernsbach: Peter Huchel. Huchel hatte 1971 die DDR verlassen, wohnte eine Zeit in der Villa Massimo in Rom und kam dann durch Vermittlung von Erhart Kästner nach Staufen bei Freiburg, der Mäzen Franz-Armin Morat zahlte die Miete für das Haus am Bötzenweg, des Waldes nah, den sie schwarz nennen, nicht schwarz genug für Huchel.

Huchel in Gernsbach, mit nasaler Stimme im Singsang beschwört er seine brandenburgische Herkunft. »Ich knalle den Leuten manchmal ein paar hundert Metaphern ins Gesicht.« Und was für welche ... »Erwürgte Abendröte / Stürzender Zeit! / Chausseen. Chausseen. / Kreuzwege der Flucht. / Wagenspuren über den Acker, / Der mit den Augen / Erschlagener Pferde / Den brennenden Himmel sah ...« (1. Strophe des Gedichts *Chausseen*)

Das war kein zufriedener endlich im Westen Angekommener, der da in Gernsbach nach der Lesung bei Hoeschs, umgeben von Bewunderern und

Bewunderinnen saß, die kokelnde Zigarette in der einen, das Glas mit Whisky in der andern Hand.

Es machte mir Eindruck, wie er über seine Bibliothek sprach, die er nicht hatte mitnehmen können. Ich dachte an seltene Erst- und kostbare Gesamtausgaben, das Drama einer verlorenen Bibliothek. Nein, nein, wehrte er ab, ich vermisse nur die Fachbücher … Was für Fachbücher? … Über Fische, Pflanzen, über das Watt, über Seemannsknoten und Schiffsbau … Wofür brauchen Sie die? … Da las ich immer drin, wegen meiner Gedichte, da holte ich meine Anregungen her.

Auch wenn mir nicht klar war, ob er mich auf den Arm nahm, hat mir die Auskunft sehr gefallen.

58

Heimat. Unter Dach und Fach. Das Schwarzwaldhaus. Warum so verschlossen, das Dach übers Gesicht gezogen. Von der Hangseite kommt's Heu rein und im Winter die Lawine.

Wie eine Kutte das Dach, eine Kapuze. Was steckt darunter? Familienbande, Tiergesellschaften, Depots fürs Überleben.

Es sind weniger reale Höfe als Symbole von Höfen im Schwarzwald. Grau, jenseits der Folklore. Aber doch Souvenirs für ostfriesische Professoren, die zurück in die Heimat wollen.

59

Kaum noch Hoffnung für deutsche Gletscher. Sie rutschen ab. Dem deutschen Baum hingegen geht es den Umständen entsprechend.

60

Der Nachbar aber. Er quält das Gras. Wie ein Friseur den Schwinger mäht. Der Nacken muss frei sein. Sonst verhakt sich in den Haaren der Feind. Der Feind soll abrutschen am Nacken wie am glatten Fels, soll soll dreimal soll. Und schwupp mit seiner Nase ins Sägemehl.

61

In den Bergen gibt es viel Fleisch. Da grasen Rinder und werden zu Fleisch. Davon isst ein Schwinger, der es zu etwas bringen will, ein Kilo am Tag. Die Kühe werden dadurch nicht wirklich weniger.

Überhaupt ist der Fleischkonsum in der Schweiz erschreckend hoch. Aber in Frankreich ist er noch höher. Und erst die Schweden. Die Elche alle, die Rentiere ...

62

Ich trinke Helvetia Bier. Mehr kann ich für die Schweiz nicht tun.

63

Mich fragte nie einer: Was schreiben Sie. Woran arbeiten Sie. Niemand wollte etwas wissen. Ich war kein ernst zu nehmender Schriftsteller. Ich gehörte nicht dazu. Dann wurde ich älter. Und die Journalisten und die Kulturbeauftragten waren jünger, viel jünger. Die kannten mich nicht.

Eine Zeit lang konnte ich mich trösten mit: Die kennen mich nicht mehr, die kannten mich ja nicht, weil sie noch nicht auf der Welt waren.

Ich hatte ein Buch geschrieben, das einigen Leuten gefallen hatte. Kein Wunder. Es enthielt literarische Frechheiten, die man nur als Jugendlicher von sich geben darf. Weil man nichts weiß, aber tut wie ein Alter. Ich wollte einer sein, der ein Buch geschrieben hat und den Rest seines Lebens mit Saufen und Frauenbewunderung vorliebnimmt.

Dummerweise hatte ich weitergeschrieben, dieses und jenes, juppheidi, ich nahm es nicht ernst, allerdings auch niemand sonst. Das gab meinem Leben einen tragischen Anstrich.

64

Klaus Fischer ist gestorben. 92 sei er geworden. Schrieb ihm mal, ich würde dafür sorgen, dass er auf den alten Friedhof mit den Soldatengräbern käme. Er gründete mit mir die Georg-Herwegh-Gesellschaft. Er war ziemlich intelligent. Ein wenig im heideggerischen Sinne kinzig, obwohl er kein Schwarzwälder war. Aber wohl immer hier. Ein Faible für Eleganz, Theater, schöne Frauen, Champagner.

Unsterblich ist sein Satz, man könne in Baden-Baden ein Leben zubringen, ohne einen einzigen vernünftigen Satz zu hören.

65

Der Intermarché in Niederbronn ist voll mit Ungerer-Figuren. Sackähnliche Gestalten, Arme wie Würste, Hintern wie Prellblöcke, Köpfe wie Eimer. Eine Frau allerdings ist sehr schmal und hat ein Gesicht. Zwei Kinder dabei und einen Kerl, der brummt. Das viele Fleisch, das an ihm hängt, kann sich voll tätowiert gerade noch halten. Es sind Szenen aus dem nomadischen Leben. Der Mann ist viel gereist, zu Lande, zu Wasser und in der Luft. Sehr schön der blaue Elefant mit dem Häuptling im Federschmuck, Sioux.

66

Alte Faschisten bester Laune. Kunstwerke zurückgeben?

Die Afrikaner hatten doch gar keine Ahnung vom Wert dieser Sachen.

Unsere Leute haben denen doch erst mal klargemacht, dass sowas Wert haben kann.

Nicht bei denen, sowieso nicht, nur bei uns.

Wie bei der Religion. Wenn wir denen das nicht erklärt hätten, würden die noch heute ihre Fetische anbeten.

Jetzt unsere Museen leer räumen und denen zurückschicken, die lassen doch alles verkommen. Im Nu ist das alter Plunder.

Wenn da so ein Junge aus sagen wir Neheim-Hüsten nach Göttingen zum Völkerkundestudieren kommt, der weiß doch nix mehr, wie es einmal war.

Wir haben denen doch alles beigebracht. Sauberkeit, Hygiene, Religion.

67

Der Zug hat dreißig Minuten Verspätung, weil ein vorheriger Zug Verspätung hatte. Wir bitten um Entschuldigung. Dann kommt er irgendwann. Im Zutrittsbereich neben den Toiletten liegen erschöpfte Reisende. Einige scheinen zu schlafen. Kein schöner Anblick.

Fordere eine junge Frau auf, ihren Nebensitz von ihrem Rucksack zu räumen.

Schräg gegenüber zwei Mädchen. Eine zeichnet was in ihrem Computer, die andere lehnt an ihr und scheint zu schlafen, dann zieht sie sie an sich und küsst sie. Dann küssen die beiden sich lange und intensiv.

Im Freiburger Bahnhof, oben bei den Straßenbahnen, stehen sich zwei junge Männer nah gegenüber. Einer zieht den anderen zu sich, dann küssen sie sich.

68

Das alles bedeutet nicht viel,
die ganze Malerei, die Skulptur, das Zeichnen
Schreiben, oder vielmehr: die Literatur,
das alles hat seinen Ort
und mehr nicht.

Der Versuch ist alles,
wie wunderbar!

Alberto Giacometti

69

Freitag, den 4. November, soll es in der Küche Weißwein Freude (Geschenk von der dicken Ärztin, mit der ich nix am Hut habe), Rotwein Margaux Kirwan (oder ähnlich, wohl ein Araber) geben, Sahnepudding Dr. Oetker Bielefeld, Rosenkohl in Butter mit Muskat, Salzkartoffeln in Schiffchenform mit Petersilie, und Gigot (bereits im Frühjahr gesotten) mit Knoblauch und Rosmarin. Als Termin ist 14:30 gesetzt, 10 Minuten früher könne ich die Küche betreten, die Speisen probieren und einen Probeschluck Freude (wer schenkt denn so was!?) nehmen. Also dann. Jetzt ist es erst 12:40. Bitter.

70

Player's Navy Cut. Mit Ring. Rettungsring. Darinnen Frank Budgen als Matrose. (Hab ich gelesen in der Biographie von Nora Joyce.) Player's war auch die Zigarette der Buchhändlerin Marga Rodig-Schoeller, Bücherstube Schoeller, Kurfürstendamm 30, zwei Packungen täglich, vierzig Stück. Nicht alle geraucht, die Hälfte verglimmte irgendwo, weil sie bedienen oder telefonieren, oder mich oder einen von der Familie Berger zur Ordnung rufen musste.

In einer Buchhandlung liegt und steht ja allerhand Papier rum. Das hinderte nicht, dass die Pausenlosraucher Marga und Frank Degenhard und Frau Straßburger ihre Player's Navy Cut auf Büchern ablegten. Bücher, die ausgelegt waren, weil es Neuerscheinungen waren oder sie von den Mitarbeiterinnen favorisiert wurden. In der Filiale im Hilton lagen ja nur Henry Miller und Jean Genet rum. Rauchte Herr Rodig auch? Ich weiß es nicht. Man amüsierte sich über seine Marotten. Immer abgeschlossene und mit einer Decke von innen verhängte Ladentür. Man musste klopfen. Dann kam er, zog den Vorhang ein Stückchen beiseite und musterte den Störenfried. Ließ nicht jeden rein. (Die Vorsicht war begründet. Er war mal von einem Stricher vom Zoo angegriffen worden.)

Am Kurfürstendamm regierten Herr Berger und sein Clan. Jeden Mittag brachte seine Frau das Essen für ihn. Es roch. Sie saßen da im Keller, Herr und Frau Berger und ihr Sohn, und aßen Fleischiges. Berger war gelernter Metzger und hatte zu allen Metzgereien Westberlins kollegiale Beziehungen. Frau Berger verwendete gern Estragon. Das roch. Der Keller, in dem die Bergers wirtschafteten, war mit dem Laden durch eine offene Treppe verbunden. Die ganze Buchhandlung genoss Tag für Tag das olfaktorische Fluidum der Berger'schen Mahlzeiten.

Ich verschwand gern in dieser Zeit zu Tschibo nebenan oder zum Bier in die nächste Kneipe.

71

Von allen Seuchen ist Mode die harmloseste
Ich finde Mode spannend
Ich stehe am Fenster und sehe der Mode zu
Keiner läuft mehr mit einer Wasserflasche rum
(das galt aber nicht als Mode, das diente der Volksgesundheit)
Ganz großartig fand ich die geschnittenen Löcher in Jeans
(ich sah mal welche, in denen die klaffenden Wunden mit Spitzen ausgeschmückt waren)
Meine Schwester liebte die Mode Sie las Film und Frau Mein Vater sorgte dafür dass sie Herrenschneiderin lernte In Angelmodde Bei Quiel Schneidermeister Mein Vater hatte ihn in der Kneipe kennengelernt

72

Das bewusste Schlurfen über den Onkel, so hieß das, bei dem die Hüftknochen einen halben Meter vorangehen und die Knie rumgeschmettert werden, na ja, da bekam man schon in Bielefeld Applaus für, in Gelsenkirchen nicht, da fand man das blöd, am Albersloher Weg meinte man, dass es nicht gesund sein könne und Doris man lieber erst Herrenschneiderin werden sollte, auch weil Gustavs Kneipenbekanntschaft Herrenschneider war, in echt. Hatte den Lehrvertrag schon an der Theke unterschrieben.

73

Was schenk ich Dir nur
Weihnachten 2022
Ich schenk Dir mein Herz
Aber ach
Es braucht Schonung
6 Tabletten am Tag
Und – wie Du weißt –
Der Schlag setzt manchmal aus
Dann rast es
O Gott
Was schenk ich Dir da
Ein ramponiertes Herz
Voll Liebe Treue Hoffnung
Für Dich mein Herz für Dich

74

Eckerle, der Bildhauer aus dem Murgtal, ein Künstler großer Eigenart. Wir haben hier ein archaisch anmutendes Ehrenmal vor dem Dampfbad. Und in der Hand halte ich einen Stock aus seiner Schmiede, eine höchst eigenwillige, bequeme, formschöne Gehhilfe. Sogar das sonst bei Spazierstöcken am unteren Ende angebrachte rutschfeste Element – der sogenannte Rentnerpfropf – hat hier eine Form gefunden, die die Sache erträglich erscheinen lässt. Entworfen und angefertigt von Eberhard Eckerle in seinem Atelier in der König-Fabrik in Gaggenau. Es gibt einen großartigen Text von ihm über geschwollene Kunstbetrachtung: *Das Hämatom der Wörter.*

75

Wir neigen dazu, tierisches Verhalten und Aussehen mit typischen menschlichen Deutungen zu versehen. Mit dem Blick ins Auge des Hundes oder Pferdes kompensieren wir unsere Treue-Verluste. Das Tier als primitiver Mensch. Das Lachen der Affen wird von uns als solches verstanden – humorvolle Leute, die Affen –, dass es eine Drohgebärde ist, muss uns erst erklärt werden.

76

Olga kocht zweimal in der Woche für ihren Enkel Carlo, acht, wenn er aus der Klosterschule kommt. Sie wohnt nur kurz schräg rüber vom Kloster. Sie kocht wie schon immer seit den schlechten Zeiten recht gut, immer mit Verstand und im Bewusstsein, den im Umgang mit ihrem Sohn übervorsichtigen Eltern ein gutes Beispiel des nicht nur Gesunden, auch des gut Schmeckenden zu geben. So weit, so gut. Jetzt ist es so weit. Carlo sitzt am Tisch, Olga steht am Herd, Carlos Blick schweift durchs Zimmer und bleibt auf der Balzac-Kassette haften. Das ist eine Holzkiste mit allen Nachdrucken der vormals bei Rowohlt erschienenen Balzac-Ausgabe, 48 Bände, Diogenes Verlag. Stehen da in der mitgelieferten Holzkiste mit dem eingebrannten Porträt Balzacs in der Schiebetür in zwei Reihen übereinander. Carlo, immer noch acht Jahre, aber jetzt auch mit Französisch-Unterricht im Kloster, fragt: Sag mal, Oma, wer ist eigentlich dieser Balzac?

79

Sehe dem Schnee zu. Wie er fällt. Alle Nase lang wechselt er das Angebot. Mal schnürt er, dann tropft er, dann schwebt er. Macht er gut. Nie langweilig.

80

Nichtsdestotrotz. Mein Gott, wer hat das erfunden. Das ist ja schrecklich. Nichts und desto Trotz. Was für ein Schmarren. Dass die Sprache das mitgemacht hat.

81

Sehr angenehm, nicht jeden Idioten küssen zu müssen. War ja ne Seuche. Und was für Rituale sich da entwickelt hatten. Die Schnellküsse, die Schussküsse, die Knallküsse. Jetzt sollen die Masken fallen, wir hoffen, dass die Mitmenschen auch das Mitmachen von Kussritualen auf den Müllhaufen der Geschichte küssen.

82

Der Junge will Weltgeltung. Warum hab ich keine Weltgeltung, Weltbedeutung, die steht mir doch zu, ich mach doch was, was keiner macht, keiner kann, ich bin doch was, ich bin doch Welt, einmalig, warum merkt die Welt das denn nicht.

83

Öfter mal was Neues. Und wenn's der Tod ist. Was ist dann? Auf jeden Fall anders als jetzt. Und jetzt ist langweilig und mühselig. Sie hält das nicht mehr aus. Sie will den Tod. Sofort.

84

Jetzt schneit es bald, und die Sätze rutschen. Das alte Winterleid. Rudi Schönwald tot am Nachmittag.

Liebe Britta, ich kondoliere. Nun haben wir Dich und die Erinnerung, die zwei Bücher, Deins und Hackls, hundert Begegnungen in Wien und Freiburg. Vergessen wird er nie. Rudis Heiterkeit und Melancholie, Witz und Schärfe, der letzte Habsburger.

Der Große Rudi ist tot. Wer erzählt uns jetzt was. Jetzt gilt nur noch Erinnerung. In der er der Meister war. Wir üben.

85

Auch wenn ich Regula die Perle von Adelboden nenne, kommt sie nicht früher vom Aebi zurück. Es ist, wie es ist. Wenn das Philosophie ist, ist es große Philosophie. Weil man nix dagegen sagen kann. Ich sach wie's ist. Dieser Ort ist eher berühmt für Skifahrn, Skispringen und so, nicht für Philosophie. Hier war auch nie Walter Jens, Adorno, Kluge, Handke oder so einer, nur Sportidioten, Jahr für Jahr. Davor waren sie arm hier. Machten Schächtelchen für die Zündholzfabrik in Frutigen. Waren einen halben Tag unterwegs, um die Schächtelchen abzuliefern, bekamen sie gutgeschrieben, wenn sie Glück hatten, auch Geld, einzwei Franken, und liefen zurück, da wurde es auch schon dunkel und sie mussten in den Stall irgendein Tier versorgen. Und einer kommt mit dem Auto, brummt rum und lässt ein Grand Hotel bauen. Weil es angeblich so schön sei hier heroben. Dann ist es schön und Leute kommen aus Zürich und Frankfurt und fahren mit Skiern und Frauen verlieben sich in Hirten und die

Männer trinken Feldschlösschen und verführen die Saaltöchter. Das gibt einen Plausch. Im Sommer den Sommerplausch, im Winter den anderen.

86

Aus dem Gränzboten, Horb. Immobilienhändler wird erwürgt. Mörder vermutet sackweise Krügerrand beim Opfer und durchsucht dessen Wohnung. Findet nur 3000 Euro. Wo sind die Goldmünzen? Vor dem Haus liegt nach schwäbischer Sitte ein Misthaufen, den der Mörder umzugraben beginnt. Nachbarn werden munter. Den Umgraber kennen sie nicht. Verdächtig. Informieren die Polizei. Polizei kommt und verhaftet Mörder und so weiter am Neckar im Gränzboten. Heidenei.

87

Was für ein Laden. Hübsche Hüpferinnen, tätowiert, tragen Franz zwölf Schüsseln ran und sagen den Inhalt des Häufchens in Schüsselmitte auf. Allerlei Geschäumtes und Bescheuertes. Der Hubert gebräunt und das Hemd bis zum Nabel offen – sein Brusthaar scheint braun bis vanille –, kichernd und keckernd, ein Anpassungswunder. Ich fand schon auf der Karte nichts, was mir schmecken könnte, so war's denn auch. Hirsch hießen zwei rote Stücke, süß und rot, entsetzlich. Ich sah bis zum Ende des Ganges in die Küche, fünf Jungschwarzwälder, die Häufchen modellieren. Ein Wunder, dass sie keine Bollenhüte aufhatten.

88

Freiheit ist immer vorläufig.

89

Berglusthaus 850 Meter. Sonne. Kleine Vögel klettern in der Hecke. Ein Bussard sondiert das Gelände. Es ist Krieg. Noch weit weg. Aber er geht nah.

90

Sinn ist das durch Vorhabe, Vorsicht und Vorgriff strukturierte Woraufhin des Entwurfs, der zur Sache kommt. Sinn auf!

Vorsicht vor dem Ding. Es nötigt zur Vorhabe. Die Vorhabe drängt zum Vorgriff, der den Entwurf zum Woraufhin strukturiert und es zur verruchten Sache macht, was meist ein übles Ende nimmt. Wir nennen es mal Leben, Liebe, Licht.

91

Wir lernen einen außergewöhnlichen Erzähler kennen von überragender Intelligenz, kolossalem Erinnerungsvermögen, politischem Bewusstsein, Realitätssinn und Humor.

Wie Schönwald ein Gewimmel von Röhren und Stangen, Kaminen und Öfen zeichnet, um einen industriellen Überbau zu bekommen, so bemüht Hackl bei Freunden, Nachbarn, Weggefährten, Zuschauern und Beiseitestehern ein Geflecht von Beziehungszeugen, die zu einer Gesamtrecherche seiner Protagonisten anwachsen, aus der heraus sich der Charakter seiner Heldin oder seines Helden bildet.

Rudi Schönwald und Erich Hackl sind eine Stimme, Sinn und Form.

Schönwald und Hackl. Von fremden Sternen.

92

Geräusche lieben Stille. Da entfalten sie sich besser. Und eine Komponistin, die das Geräusch ihrer Brotschneidemaschine liebt. O wie das knirscht. Sie lässt das Brot einige Tage ruhen und dann ritsch ratsch. Ach, wie schön. Sie bestreicht eine Brotscheibe mit Butter und legt eine Käsescheibe drauf, wie gut das schmeckt. Und knirscht auch noch. Nicht so stark wie die Brotschneidemaschine, aber hörbar doch noch knirsch. Wie ein Schatten der Erstknirscherin. Schon hat sie ein Papier erwischt, der Bleistift ist ja sowieso ihr Lebenspartner, und los geht's. Eine Komposition für Bratsche, Cello, Flöte, Trommeln und ihre Schatten. Zu jedem Musiker wird ein Schatten gestellt. Streicht die Streicherin, formt der Schatten das passende Geräusch mit Hals, Mundhöhle, Zunge und Stimme. Da kommt es auf beiderseitiges Können an. Und wahnsinnig komisch kann es zuweilen auch sein. Wenn der Ronaldo seine Kehle beklopft und es hört sich an wie eine Urwaldtrommel, oder Melise seufzt und murrt, wie es Katzen tun, wenn der Futternapf leer ist. Wir hörten gestern das Konzert im Ensemblehaus Freiburg, es hieß *Luftwurzeln*, die Komponistin war Carola Bauckholt, geboren 1959 in Krefeld, Studium in Köln. Köln ist gut für solche Sachen.

93

Der Pappkamerad
Pappe war mal was ganz Tolles
Vor allem für Kinder
Da hatte man im Nu ein Auto mit gebaut
Konnte sich reinsetzen und losbrausen
Wir bestellen ja heute wie verrückt die Über-
flüssigkeiten online und dann werden uns die
Pakete ins Haus gebracht
Wir haben aber keine Verwendung mehr für
Pappe
Unsere Kinder und Enkel spielen schon lange
nicht mchr mit Pappe
Pappe ist zu einem Umweltproblem geworden
Obwohl

94

Marek ist Pole aus dem Kreis Oppeln, also Schlesier. Sein Abitur musste er nachmachen, um in Deutschland studieren zu können. Architektur. Er kennt jedes Haus, das nicht nur einfach dumm herumsteht, sondern intelligent und durchdacht. Regula wärmte die Suppe, Marek holte den Wein, Rudi erzählte schon mal. Rudi erzählt immer. Er ist Erzähler und Davongekommener, seine Mutter hat immerhin Auschwitz überlebt und er und sein jüngerer Bruder zwei Winter in Budapest 1942/43/44. Der Wein war Muskat, dann Grauburgunder, dann Riesling und noch was. Für jeden nachgerechnet anderthalb Flaschen. Das merkte man. Die Gespräche wurden interessanter, der Marek bezirzte die Regula, Otto redete nur auf Aufforderung, dann aber lange. Rudi wie üblich. Regula war die Tischkönigin.

95

Franz Bernhard, der Böhme, der Riesengebirgler, wo auch Rübezahl herkommt. Und Stifter. Von Franz Bernhard hab ich fünf Taschenuhren. Eine von Duka, Biel, die für Eisenbahner gedacht war, die in östlichen Bereichen – Balkan, Ruthenien, Moldawien – Dienst taten, großes Zifferblatt, die Züge sollten ja pünktlich sein, eine mit Klappdeckel, Messing vergoldet, eine, die Dugena heißt, und noch zwei. Bernhard stammt aus Neuhäuser, heute Nové Chalupy bei Nová Pec. Er landete in Jockgrim. Ich habe etwa ein Dutzend Zeichnungen von ihm. Der Sammler Schell in Karlsruhe hat noch mehr und Bernhard ein Museum eingerichtet, ein eigenes Haus im Hinterhof, sehr edel.

Bernhard ist auch im Westen – Jockgrim, Pfalz – immer Böhme und Riesengebirgler geblieben und Stifter-Leser. So ein Seltener.

Die Taschenuhren hat mir seine Witwe Lucia geschenkt. Sie ist eine Schwarzwälderin von der Baar.

96

Was hat er denn heute. Dauernd ist der Computer krank. Und die Ärzte kriegen ihn nicht schnell gesund. Immer lange Wartereien. Verzweifelte Menschen, die Rechner an die Brust gepresst, warten auf Abfertigung. Die Hersteller dieser Geräte erfinden immer was Neues. Zusätze, die die Arbeit erleichtern sollen. Aber den Hintern kann man sich immer noch nicht mit ihnen abputzen.

97

Wenn ich die vielen Kinder hier am Morgen herumstreunen sah, dachte ich immer, sie gingen in die Schule. Heute erkannte ich, als ich mir Zahnpasta und Klopapier besorgen musste, die Kinder stehen nur bei dm rum, die Mädchen probieren Lippenstifte aus, die Jungen Rasierwasser.

98

Die Nackten sagen, Wissenschaft ohne Religion taugt nichts, Religion ohne Wissenschaft genauso.

99

Nicht mehr eingeladen. Er ist nicht mehr auf der Liste. Oder doch nur ein Versehen? Er erträgt die Ungewissheit nicht. Wo er doch so gut wie … Sogar ein Bild von ihm hing früher im Schlafzimmer des Sammlers überm Bett. Hat's ihm selbst gezeigt. Ins Schlafzimmer geführt und gesagt, da, Ihr Bild, gefällt auch meiner Frau. Letzter Blick des Sammlers vor dem Lichtlöschen auf sein Bild! Und jetzt nicht eingeladen. Nicht mehr dazugehören, warum? Hat er was getan, gesagt, gelästert, was dem Sammler hätte zu Ohren kommen können? Nein, nein, das darf nicht sein. Er muss schnell wieder auf die Liste, sonst wird er noch verrückt.

Jetzt ist der Sammler auch noch gestorben.

100

Für unser wirkliches inneres Leben hat die Arbeit nicht mehr Bedeutung als jede andere Beschäftigung, und sie hat so gut wie gar keine Bedeutung, sobald man sie mit den wirklichen Aufgaben des Lebens vergleicht, als da sind: Atmen, Essen, Trinken, Schlafen, Sich-Bewegen, Fröhlichsein.

101

Warten auf Waschmaschinenmann. Seine Firma ist wohl hier irgendwo, die Waschmaschine wurde in Zug gemacht. Wir warten. Mein Bruder Rolf nahm in Fällen von Waschmaschinenversagen das Ölkännchen in die Hand. Ich fragte ihn mal, als die Trommel meiner Waschmaschine irgendwo schleifte, ein grässlicher Lärm entstand und es schließlich heftig aus dem Gerät qualmte. Öl, sagte er, musst du ordentlich ölen.

In meiner Kindheit hatten wir keine Waschmaschine, wir hatten einen Stampfer. Der wurde in den Waschpott gestellt und dann hieß es stampfen. Dazu wurde auch ich angestellt. Das war verdammt anstrengend.

Waschmaschinenmann kommt, drückt auf den Knopf, Waschmaschine läuft. O je.

102

Brax, der Maler. Lang und schmal ist er, sein Kopf ein Köpfchen, die Haare aber stehen lebendig ab. Sehr lange, fein geformte Finger. Mit denen er auch zu reden versteht. Seine Sprache ist schludriges Regionaldeutsch, ein Schmuddelbadisch. Er malt, wie er redet, geschmiert. Braun scheint seine Lieblingsfarbe. Braune Schmiere überall, dazwischen mal ein weißer Umrissstrich, meist für eine Frau mit viel Brust, eher zwei braune Brüste mit einer Frau dran. Allerdings, wenn er Schiffe malt oder die roten Schuhe eines Papstes, sind die Bilder beinahe nach der Natur. Das Schiff ist eigentlich nur der Umriss eines Kahns, ein Umrisskahn mit viel Braun und Schwarz und Rosa drin. Die Schuhe des Papstes auch am Umriss erkennbar, alles rot, das Format ist mannshoch. Er säße vier Wochen an und vor einem Bild. Er denke sich hinein. Der Malakt insgesamt würde wohl zusammengezählt nicht mehr als zwanzig Minuten ausmachen. Wenn ihm eine Partie des Bildes nicht so gefalle, greife er zum Schütteimer. Das sei der Eimer, in den er die Pinsel stelle, damit sie nicht austrocknen. Ateliereimer. Und einen Schub davon schütte er dann über die betreffende Stelle. Meist mit einem guten Ergebnis.

103

Genusstage. Letzte Woche hatten sie Kunsttage im Kaufhaus, heute beginnen die Genusstage. Überall zwischen ihrem normalen Angebot Stände mit Getränken und Lebensmitteln. Im ersten Stock wird eine Rote-Beete-Suppe angeboten, in der Nähe der Fischtheke die als legendär bezeichnete Fischsuppe des Baden-Badener Kochvereins. Ich bleibe bei einem Mann stehen, der an seinem Tisch für eine Kürbissuppe Zwiebeln klein schneidet. Eher ein Hacken. Unglaublich geschickt. Das große Gemüsemesser haut haarscharf am Daumen vorbei. Bewundernswert. Er verkennt mein Interesse und sagt, Kürbissuppe erst ab zwölf.

Es ist ja Herbst. Und überall gibt's Kürbissuppe. Und Kürbishaufen zieren Dorfeingänge und Ausgänge. Ich mag keine Kürbissuppe. Kürbis gehört in den Schweinepott. Schweine lieben zermatschten Kürbis mit Kartoffelschalen und anderen Haushaltsresten. Gibt dem Matsch eine gewisse Süße.

104

Audiodesigner und Hauptleveldesigner. Steiner kümmert sich auch als Technical Artist um die reibungslose Integration der Art-Assets in die entsprechenden Engines sowie um Entwurf und Aufbau von art-bezogenen Systemen. Für mich ist er zusätzlich für Simulationsorganisation bei Bröckelnder Beton tätig und tritt als Schlagzeugkoordinator bei den Schwarzwaldkuckucks auf.

105

Was der Wind so bewegt in meinem Blickfeld. Petrus.

Petrus aus goldenem Blech auf der Spitze des Kirchturms. Er hat im abgespreizten Arm einen großen Schlüssel in der Hand. Auf dem Kopp einen Strahlenkranz. Er bewegt sich, wie der Wind weht. Unter seinem Fuß ist eine ebenso goldene Kugel, Petrus steht auf einer wohl die Welt symbolisierenden Metallkugel, in der geweihtes Wasser ist. Hat mir Herr Hurle erzählt, der Klempner in meiner Nachbarschaft. Als er in der Lehre war, vor einem halben Jahrhundert, stand dieser Stahlblechpetrus in der Werkstatt, Hurles Meister hatte ihn auf die Kugel zu montieren. Bevor die Kugel nach der Montage wieder zusammengefügt wurde, sei der Pfarrer der Stiftskirche gekommen und habe in priesterlicher Zeremonie das geweihte Wasser eingefüllt. Dann habe sein Meister Kugel und Petrus auf die Spitze des Turmes gesetzt. Seitdem drehe sich da oben Petrus nach der Windrichtung. Immer wenn er an der Kirche vorbeikomme, so Hurle heute, würde er nach oben schauen und daran denken, dass er Petrus einmal auf Augenhöhe gegenübergestanden sei.

106

Wie Prousts Schlafzimmer. In DeLillos Cosmopolis fährt der Held in einer Stretchlimo durch New York, das ist ein um drei Meter verlängertes Auto, dessen Inneres mit Kork gegen Straßenlärm proustifiziert wurde.

107

Alfonso meldet sich aus Korea zurück, wohnte im Fünf-Sterne-Hotel – ein Kaffee 16 Euro – und beim Schweizer Botschafter. Komisches Gegenüberstehen der Soldaten an der Grenze, beobachtet von einer Schweizer Militärmission. Die südkoreanischen Soldaten haben Rasseln in der Hose, wenn sie sich bewegen, rasselt es wie von Klapperschlangen. Die Nordkoreaner bleiben stumm.

108

Die Witwe will ihren Mann unter einem Baum bestatten lassen. Der Baum wächst mit der Asche ihres Mannes, das beruhigt sie, wenn sie mal nicht mehr da ist und keiner ein Grab von ihm pflegen mag. Erfunden hat das ein Schweizer, dessen Freund wollte so bestattet werden. Der Baum wächst, nimmt die Erinnerung an ihn mit, breitet seine Äste aus, der Stamm wird immer kräftiger. Was ist dagegen ein Kirchhof, Friedhof, die Zwangsverfaulung und die Grabpflege nach der Friedhofsordnung. Die Friedhofsordnung und die Kirchen, die verstehen sich gut.

Grundsätzlich sind wir gegen die Friedwälder, sagt der Mann der Kirche, aber unsere Friedhöfe, die können sich ja auch ändern. Er sagt es, als denke er an Spaß und Spiel. Man sieht die Getränkeautomaten wachsen. Die Kirche entwickelt kaufmännische Ideen. Sie macht sofort mit im Wettbewerb. O ja, wenn nur die Friedhofsordnung bleibt.

109

Bei Richard Dehmels *Weib und Welt,* Gedichte, mussten nach Anzeige eines sittlich Entrüsteten das Gedicht *Venus Consolatrix* herausgeschnitten und S. 119, 120 und 121 eingeschwärzt werden. Bln: Schuster u. Loeffler, 1896.

120 Euro.

Die Bauchrednerkunst. Geschichtliche und experimentelle Untersuchungen von Dr. Theodor S. Flatau und Dr. Hermann Gutzmann. Lpzg: Ambr. Abel, 1894.

Ein Laryngologe und ein Sprachheilkundler … Phonation, Artikulation, Atmung, Erzeugung von Ventriloquenztönen … Nutzung der Bauchredekunst im gesellschaftlichen Leben und im politischen und Geschäftsleben.

70 Euro.

110

Der Onkel aus Dortmund war Taubenhalter, auf dem Wandbrett stand der Schachtzabel, das illustrierte Prachtwerk sämtlicher Taubenrassen, mit 100 prächtigen Tafeln in Chromolithographie, 400 Täubchen insgesamt, mehr als die Hälfte hatte er schon in der Pfanne gehabt.

III

L'arte di fare il formaggio. Mit 72 Hinterteil-Ansichten der verschiedensten Kühe. Von größter Seltenheit.

112

Der Rennfahrer: krumme, überproportionierte muskulöse Beine, schmalbrüstig, leichte Unterernährung, bis zum Ellbogen verbrannte Arme, eine sonnengeschädigte Nase. Früher gab es elegante, ja nachgerade schöne Radfahrer: Hugo Koblet, Urs Freuler, Didi Thurau, Miguel Indurain, Mario Cipollini … Dann hatte ich mit ihnen nix mehr am Hut. Kam selbst kaum noch die Berge hoch. Doch wurden Helme verlangt. Ich sollte einen Helm tragen.

Kim Kirchen riss zu früh die Arme hoch, Sandy Casar war in seinem Windschatten noch einmal angetreten, nach diesem Possenspiel der langen Flucht mit Filippo Simeoni, der zehn Kilometer vor dem Ziel in Losone die Beine hängen ließ. Casar pedalte dann auch nicht mehr auf den Toursieg, sondern sorgte sich um die Etappe. Auf den letzten hundert Metern brauste das Feld heran, der Luxemburger lag ganz vorn, überholte die beiden und wähnte sich im Ziel, aber Casar hatte es geschafft. Damit hatte nun niemand gerechnet, das war kurios und einmalig. Kirchens Siegerpose wandelte sich in eine Verzweiflungsgeste, er raufte sich die Haare (den Helm). Ich war schon längst im Besenwagen, ohne Helm.

113

Grau, nichts heißt mehr grau, das Grau ist metallic, silbergrau, edelstahlig geworden. Nur Richter malt noch echtes Grau. Die Küche der Hausfrau, das Büro des Herrn, das Auto beider, der Fernsehapparat beider, großer Bildschirm, flach wie ein Bild, hängt an der Wand, ein Kunstwerk, grau.

Grau wie das Fell einer alten Sau. Graue Maus. Grauer Esel.

Das Wort gefällt nicht, grau. An Grau macht man sich leicht die Finger schmutzig, auf Grau liegt Staub, besser ist »Metallic«, da ist Zukunft drin, da ist eine straffe Haut, eine Yacht, ein Golfschläger, ein BMW, »Silber-Metallic«.

114

Schlössli-Schule, Ins. Ruth Seiler-Schwab. Eines von sechs Mädchen eines Bauern aus Kerzers, stürzte vom Heuwagen, Mutter schwermütig – immer nur Mädchen. Ruth war das vierte. Die Mutter hatte Hoffnung – weil auch die Nachbarin nach drei Mädchen plötzlich einen Jungen bekam. Wieder nichts. Dann noch zwei. Der Vater ließ sich nicht entmutigen. Spannte ein schwer gehendes Pferd neben ein gutes Arbeitspferd. So wurde es nach einem Jahr auch ein gutes Pferd. Der Vater hatte als einer der Ersten das Moos gepflügt. Die Mädchen können besser bei den Pflanzen helfen als im Heu … Und über Erziehung und Gerechtigkeit hat man im Murtenmoos eigene Ansichten, gibt es doch die Strafanstalten Witzwil und Bellechasse. Wir sind keine besseren Leute, wir haben Glück gehabt, sonst säßen wir vielleicht da auch ein. Sie wird der erste weibliche Lehrling in einem Gartenbaubetrieb. Da sind auch drei Berlinerinnen, Töchter jüdischer Emigranten, eine davon ist die Tochter von René Schickele, Renée Barth. Durch sie wird die Ruth zu einer Kommunistin. Chömet Meitli, das isch doch ke Sach …

115

Die Mühle. Der Vater studiert Jura, weil aber nur eine Nazi-Karriere möglich, wird er Theologe und Pfarrer in Masuren. Schlimme Flucht. Die Kinder schreien ununterbrochen, um die Mütter vor Vergewaltigung zu schützen. Die Mühle studiert Philosophie und hat Angst vor der Prüfung. Auch später schafft sie mal eine nicht. Allseits beliebt, geachtet. Ihr Witz, Humor. Arbeitslust. Kirchenkritisch. Rastenburg. Sie kommt daher, nebenan ist die Wolfsschanze, Führerhauptquartier – das sei schon symptomatisch, meint der Altpräsident vom Roten Kreuz. Sie macht ihre Höhle in der Glümerstraße 29 zur Wolfsschanze. Hans will erst eine Rede halten, schwitzt dann aber zu sehr, hört auch nicht gut, und muss all die Mädchen aus der Jugend küssen. Der Jörg ist schüchtern, aber wie auch. Regula weint, ich möchte auch gern.

116

Wie angenehm, einen Opernball in der Stadt zu haben, wo man die Töchter fürs Leben unterbringen kann, Wien zum Beispiel. Aber hier, in Karlsruhe, scheint das nicht hinzuhauen. Was machen seine Töchter da. Immer wenn er zu ihnen hinsieht, zupfen sie ihre Spaghettiträger zurecht. So läuft das nicht, meine Lieben.

117

Ein Stuhl, der es nicht zum Tisch bringt, ist vielleicht eine Fehlkonstruktion. Elmar ist zwar kein Tischler, doch handwerklich hat er was drauf. Nun will er einen Stuhl machen, der im Handumdrehen in einen Tisch verändert werden kann. Er arbeitet lange daran. Zum Schluss hat er zwar keinen Tisch aus dem Stuhl, aber zwei Stühle aus einem. Wie es im Einzelnen dazu gekommen sei, könne er nicht sagen. Auch mit dem Rückbau hapert's. Aus den zwei Stühlen wieder einen zu machen, will nicht hinhaun.

118

Die Alamannen blieben in den abscheulichsten Gegenden hocken und schlugen sich durch, nachdem die Franken sie überrannt hatten und in den Tälern und anderen guten Gegenden siedelten. Die Alamannen wurden dann auch noch anfällig für die Reformation, für Pietisten, Wiedertäufer … Noch heute hocken sie zum Beispiel in Laichingen und kochen Schwarzen Brei.

119

Seinem Vater den Kopf rasieren. Hätte ich mir bei meinem nicht vorstellen können. Er ging jede Woche oder bestimmt jede zweite zum Friseur und kam reichlich einfältig an den Seiten ratzekahl kurz und oben ein bisschen getollt wieder raus. Mein Sohn Teo kommt mit seiner Maschine zum zweiten Mal. Das Schneidemesser ist stumpf. Es tut weh. Er rennt ins Kaufhaus und kauft eine neue Maschine. Damit geht es leicht und schnell. Im Nacken verhaut er sich. Da ist die Pigmentstörung wie ein Tennisfeld freigelegt, da ist ein Stück kerzengerade, dann Fehlstellen in der Größe des Scherkopfs. Immer wieder schickt er mich vor den Spiegel, es ist jetzt gar nicht mehr so schlimm, sagt er, und will es endlich bestätigt haben. Mir ist es eigentlich wurscht, ich find diese Abzeichen des Selbstgemachten ehrenwert, trag ich gern, aber er will hören, nicht mehr so schlimm. Dann rast er davon, wohin, junger Sohn, alles Gute.

120

Sagen wir mal so, sagte Oswald, gab ja nix, was Kolk nich schluckte, schniefte oder spritzte, er war ja immer aufm Draht, über beide Ohren gespannt, der hat ja wohl die letzten Jahre kein Auge mehr zugemacht. Dann is er tot. Und jetzt das Finanzamt. Gleich wolln sie gucken, was noch zu holen ist. Vorher war schon jemand von der Familie da und hat Bilder, Bargeld und so abgeschleppt. Das Finanzamt hat aber genauer hingesehn. Drei Beutelchen ham se gefunden. Wo? Klassisch hinter der Bodenleiste. Was war drin? Diamanten! Der Mann hat sich für die Altersversorgung Diamanten gekauft. Drei Beutel voll. Was hat er sich nur dabei gedacht? Weiber gibt's immer, die mit Klunkern rumzukriegen sind, und Kerle, die bohren wollen, nach unten, tief unten, wo die Rohstoffe sind. Dem Kolk war das Gold zu weich und beliebig und zu verbreitet. Diamanten, sagte er sich, die liegen nich rum, hat nicht jeder, da lässt sich immer was mit machen. Jetzt macht das Finanzamt damit rum.

121

Die Älteren werden noch den Opel Blitz kennen. 1930 entstanden mit einem Marquette-Motor von General Motors. Der tollste Transporter der Dreißigerjahre, der bald in Hitlers Aufrüstungsfuror der beliebteste Protagonist für Abschussrampen von Ballerwaffen wurde, bis die Amerikaner die Lizenz entzogen und Speer auch in Mannheim bei Mercedes Benz den vielseitigen Kriegsblitz zum Volleinsatz für Hitlers Blitzkrieg ausbauen ließ.

Bertolt Brecht sagte: Blitzkrieg, das ist gebündelte linke Energie. Das heißt, die Nazis haben es verstanden, die in Deutschland vorhandene linke Energie für ihre Kriegszwecke umzuwandeln. Vorne wech die Blitzmädel, die Blusen offen.

Die wenigsten aber kennen den Baden-Badener Blitz-Block.

In Baden-Baden erdacht, in Baden-Baden gemacht!

Blitz-Block mit Abreißecke. Wozu die Abreißecke? Man benutze für jede Notiz ein Blatt für sich und reiße sofort die perforierte Ecke des beschriebenen Blattes ab. Schnell wie der Blitz (ohne Blättern) hat man die nächste Seite für die nächste Notiz.

122

Lachen. Wer lacht da. Lachen macht Lärm. Fleischmann lacht, Topor lachte, Arrabal lachte noch lauter. Es war ihr Sport. Alle Nerven und Muskeln gespannt, nicht unter dreißig Sekunden. Es hatte nichts mit Entspannung, Humor, Witz zu tun, es war anstrengend für sie und anstrengend für die, die es ertragen mussten. Doch sie durften es, sie waren keine Frauen. Frauen sollte man das Lachen verbieten. Es schickt sich nicht. Kinder dürfen lachen. Sie sollten die Zeit nutzen und sich auslachen fürs Leben. Mädchen dürfen zur Not lächeln bei zurückhaltender Tonabgabe. Dann aber Schluss.

123

Der Schäfer. Wir kennen ihn von der Postkarte. Bart, Hut, milder Blick und treue Hunde. Die Schnucken toben zur festgesetzten Stunde in den Stall. Hinter der Absperrung begeisterte Kinder, zwei Herden Kinder mit erprobten Hüterinnen, Städter, Touristen … Gott sei Dank ist der Busfahrer nicht da, der eine Postkarte von ihm, dem Schäfer, im Bus verkauft, ein Euro, und den Leuten verspricht, der Schäfer würde das gern signieren. Und dann halten sie ihm die bunten Karten hin, er mit Hirtenstab vor einem Wacholderbusch mit Bautz und Fleck zur Seite und blühender Heide und Sonne im Abgang. Und sie nötigen ihn, Für Susi oder Dem eisernen Hans viel Glück draufzuschreiben. Mit welcher Selbstverständlichkeit ihn die Leute fotografieren. Manchmal wird's ihm zu bunt, und er ruft: »Schon mal was vom Recht am eigenen Bild gehört?« Aber dann lachen sie nur.

124

Vom Putin 1. Sein Bild hängt in jeder guten Stube in Russland. Die schönste Fotografin des Landes hat es gemacht. Es zeigt Putin mit nacktem Oberkörper vor einem Tiger, aus dessen schrecklichem Maul Sperma tropft. Putin zeigt herrliche Muskeln.

Vom Putin 2. Zur Heiligen Kommunion bekommen die Kinder in Russland ein Bildchen geschenkt, das Putin zeigt, wie er eine hohe goldene Tür durchschreitet. Links und rechts an den Türpfosten stehen sehr groß gewachsene Soldaten stramm, Gewehr im Präsentiergriff, die Köpfe auf diese russische Art gereckt, das Kinn höher als die Stirn. Putin hat es eilig. Die Kinder wissen, warum. Putin kommt sie besuchen.

125

Alfons, der Fluchthelfer. Er hatte damals in Berlin reichlich Geld als Fluchthelfer verdient, das reichte für eine Eigentumswohnung in Baden-Baden. Alfons, erzähl mal. Ja, also, es ging um die Freiheit … Erzähl lieber, wie du durch den Tunnel kriechst, um auf der anderen Seite die wartenden Flüchtlinge abzuholen und dir plötzlich ein Vopo in Vollwichs entgegengekrochen kommt. Dieser Schreck! Ja, aber, der wollte auch fliehen, zahlte aber nichts. Anspruchsvolle Zuhörer in Baden-Baden. Aber unglücklich waren sie auch. Vielleicht ließe sich hier sein altes Geschäft wiederbeleben. Flucht aus Baden-Baden.

126

Zur Vorbereitung auf den Siegerland-Trip las ich Regula die Wieland-der-Schmied-Sage vor (sie schlief nach drei Seiten ein), aus den *Deutschen Heldensagen,* die Bruder Rolf gehörten. Er bekam sie von Onkel Hans zu Weihnachten 1938 geschenkt und hat ein Ex Libris eingeklebt, das einen griechischen Helden in schwarzem Schattenriss zeigt, mit einer Lanze und einer Eule (Weisheit!). Daneben hat er in Rot einen Stempel gedruckt: »Rolf Jägersberg, Hiltrup Dorf 350 bei Münster.« Onkel Hans hat ihm reingeschrieben: »Bedenk' trotz aller Lust u. Spiel: Im Leben lernt' man nie zuviel.«

Ich übernahm das Buch, als Bruder Rolf nach Kanada auswanderte.

Später hat sich Louis-Ferdinand das Buch unter den Nagel gerissen, auch seinen Namen reingeschrieben: »Louis Ferdinand Jägersberg 1974 in Baden-Baden.«

Rolf Jägersberg starb in diesen Tagen in einem Pflegeheim in Big Bend, Wisconsin.

Wieland der Schmied wird heute noch von den Siegener Eisenleuten als Ahnherr verehrt. Zuerst wird er erwähnt in der Hexameter-Dichtung *Vita Merlini* von 1148, dann kommt er gleich in die *Edda*.

Deutsche Heldensagen, nach den Quellen erzählt von Gotthold Klee mit Bildern von A. Roloff, erschien im Verlag C. Bertelsmann, Gütersloh (1933).

127

Treffen wir uns doch in der Pianobar. War zum Beispiel ein Heiratsschwindler oder Hochstapler zur Fahndung ausgeschrieben, begab sich der Polizeidirektor von Baden-Baden in die Pianobar im Brenners, und nach zwei drei Pilsen war der Fall gelöst.

128

In der Nacht war der Tag der kleinen Pferde. Ein Western, *Der Scout* hieß er. Soldaten fürchteten sich vor Indianerangriff, irgendwo in Texas oder Arizona. Der Film war aber von der DEFA, also ein DDR-Film, aber mit Soldaten in amerikanischen Uniformen und Indianern wie in Amerika. Ganz viele Pferde. Unheimlich viele Pferde wurden von den Soldaten über einen Pass getrieben, immer bedroht von Indianern, die allein schon gefährlich aussahen. Die Pferde aber waren klein, kleine Pferde wie in Shetland, Shetland-Ponys, oder in Island, Island-Ponys, oder in Dülmen, Wildpferde im Dülmener Bruch, oder in der Mongolei, Mongolen-Ponys.

129

Der Gerüstbauer steht da oben am Kirchturm und baut das Gerüst um sich herum ab. Stange für Stange, Gewinde um Gewinde. Schöne Töne beim Anschlagen von Hammer oder Zange an den Stangen. Kling klang. Es wird immer lichter um ihn, und nun kann man auch sehen, das Mauerwerk des Kirchturms wurde gestrichen. Das konnte man mit Gerüst rum nicht. Jetzt fragen wir uns, wie erträgt der Gerüstbauer den Gerüstabbau. Gleich steht er ja gewissermaßen nackt da. Und keine Sicherheit mehr. Freie Luft nach allen Seiten. Sehr gefährlich. Aber er wird sich was gedacht haben bei der Berufswahl. Schwindelfrei muss er wohl sein. Aber so öffentlich sich seines Schutzes entledigen. Wenn man das symbolisch deuten möchte, würde einem ganz schlecht. Pass auf, guter Mann.

130

Genieße die Stunde. Gönner Anlage. Es ist nichts mehr für dich aufgebaut, der Brunnen bedeckt (in Plastik gepackt), die Bänke abgebaut, der Rasen matt und krautig, die Rosen erloschen. Ja aber: die Ruhe, die Stille, der späte November als Bewunderungspause.

131

Vorn und hinten. Weibliche Passionen, 5. Auflage. Um 1900. Gab ja eine Menge erlesener Schweinereien in schön gedruckten Büchern um diese Zeit.

132

Zum Schrägschnitt bei Wurst. Psychophysikalische Gründe, ästhetische, kaufmännische.

Die Krakauer bei Aldi. Ein Versehen. Das gibt's. Da haben sie eine Einkäuferin, Schlesierin, Polin, die eine gute Krakauer aus den langweiligen mitteleuropäischen zerkleinerten Restfleischverwertungswürsten herausschmecken kann.

Gab's nur kurz, drei Wochen. Ich kaufte alle auf. Nachschub kam nicht mehr.

Mit grünem Pfeffer. Im schrägen Anschnitt gut zu erkennen, der pikante grüne Fleck. Und die schieren Fleischstücke, Filet. Schwein und Rind. Geräuchert. Der Geruch! Knoblauch, Pfeffer und was die Krakauer Mütter sonst noch in der Pfanne hatten.

Den Schrägschnitt kann der Metzger sich nur leisten, wenn er nichts zu verbergen, nur gute Dinge vorzuweisen hat.

133

Auf dem Weg zur Kirche achtet eine ältere Dame nicht auf Rot, erwischt mit ihrem PKW einige Jugendliche auf dem von der Ampel freigegebenen Fußgängerstreifen, und, nachdem sie sich durch einen Blick in den Rückspiegel überzeugt hat, dass niemand zu Tode gekommen ist, setzt sie ihre Fahrt schneller fort, um den Beginn des Gottesdienstes nicht zu versäumen.

134

Der Mensch als besonderes Tier. Er hält sich schon lange recht gut. Keine Abnormitäten zu beobachten. Warum und wie er geschaffen wurde, ist weiterhin unklar. Viele Legenden.

Zitatnachweis

Nr. 20

Zitate aus Theodor W. Adorno: *Der Jüngling und das Opfer.* Unveröffentlichtes Jugendwerk.

Nr. 38

Zitate von Johann Wolfgang Goethe aus *Faust. Der Tragödie erster Teil.*

Nr. 44

Zitat von Byung-Chul Han.

Nr. 56

Zitat aus Peter Huchels Gedicht *Chausseen* aus dem Band *Chausseen, Chausseen.* Gedichte. Fischer, Frankfurt a. M., 1963.

Nr. 67

Zitat von Alberto Giacometti zitiert nach: Toni Stooss / Patrick Elliott / Christoph Doswald (Hrsg.): *Alberto Giacometti 1901–1966.* Kunsthalle Wien / Scottish National Gallery of Modern Art, Edinburgh, Ostfildern-Ruit 1996.

Prosa
288 Seiten

»Wo ist das Glück? Immer da, wo du nicht bist.« In diesem verspielten Sammelsurium ist das Leseglück auf jeder Seite zu finden. Alltagsbeobachtungen, Anekdoten, kulinarische Erkundungen, Mini-Essays, Gedichte – geistreich, komisch und mit liebender Genauigkeit hält Otto Jägersberg fest, was ihm auf seinen Streifzügen begegnet.